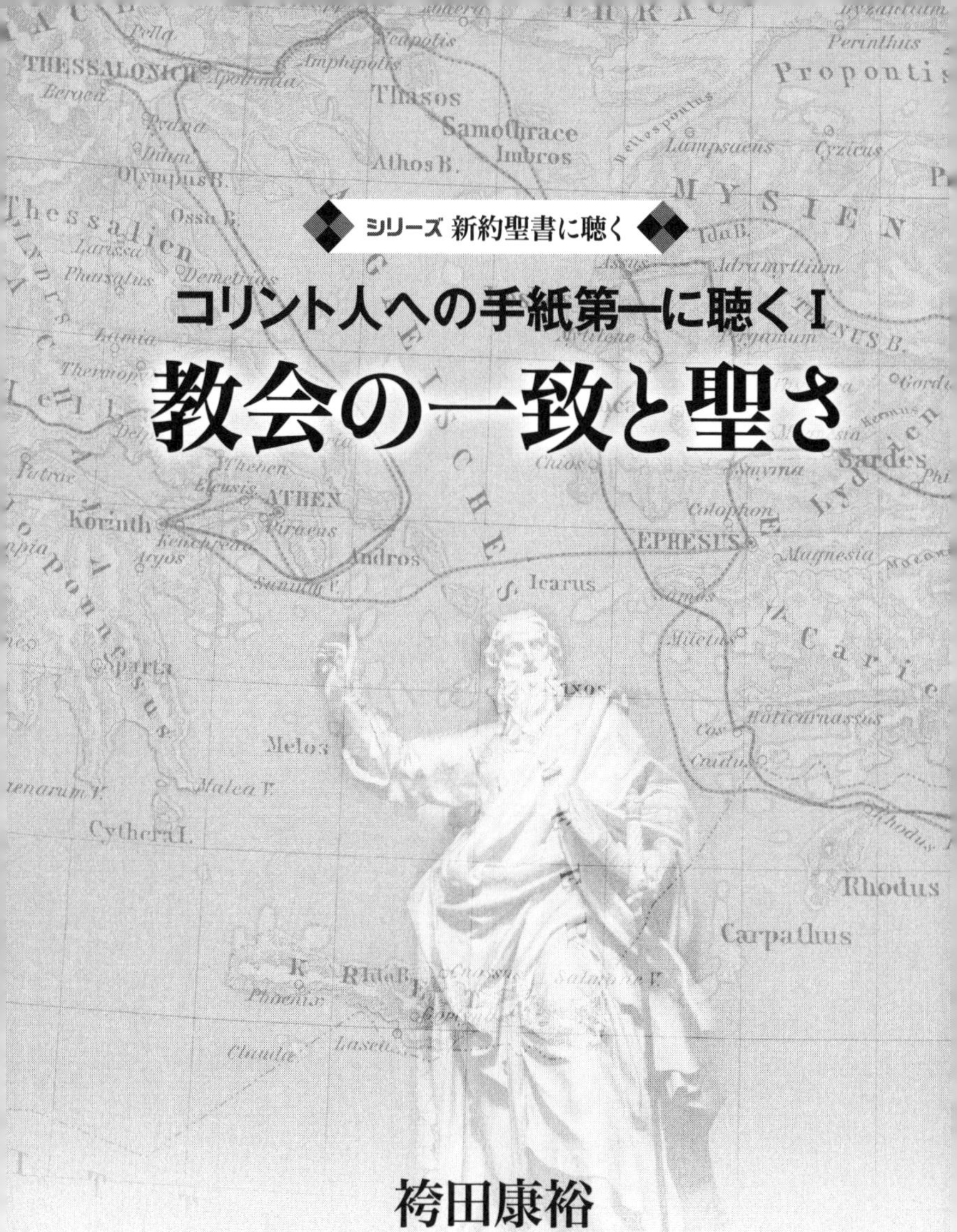

シリーズ 新約聖書に聴く

コリント人への手紙第一に聴くⅠ

教会の一致と聖さ

袴田康裕
［著］

いのちのことば社

はじめに

新約聖書には二十一通の手紙が収録されています。そのうちの十三通は使徒パウロの名で記されています。さらにその中のローマ人への手紙、コリント人への手紙第一、コリント人への手紙第二、ガラテヤ人への手紙は、比較的分量が多く、またパウロの中心思想を伝えていることから「四大書簡」とも呼ばれています。ローマ人への手紙とガラテヤ人への手紙が主として教理を、そしてコリント人への手紙が主として具体的な信仰生活を扱っていると考えることができます。

新約学では、パウロの手紙はその著者性をめぐって「真正パウロ書簡」と「パウロの名による書簡」に分けられます。「真正パウロ書簡」とは新約学者によってパウロの著作であることがほぼ認められているもので、そこには四大書簡、ピリピ人への手紙、テサロニケ人への手紙第一、ピレモンへの手紙の七つが含まれます。それゆえ、コリント人への手紙第一はパウロが執筆したものとして広く認められています。

パウロは第二次伝道旅行でコリントに赴き、「一年六か月の間腰を据えて」伝道しました（使徒一八・一一）。それはおおむね紀元五〇年の春から五一年の夏までと思われます。

こうしてコリント教会が誕生しました。その後パウロは第三次伝道旅行で二年間エペソに滞在しました。それは五三年から五五年と考えられます。このエペソ滞在期間に書かれたのがコリント人への手紙第一です。書かれたのは五四年から五五年ごろと考えられます。

コリントは国際的な経済都市であり、ローマの属州アカイアの首都でした。経済的繁栄とともに道徳的頽廃が著しく、さらにギリシア思想と東方思想の出会う町でもありました。こうした周辺の環境が、コリント教会に多くの問題をもたらしていました。パウロはコリントの信徒たちに対して、イエス・キリストの福音の視点から、個々の問題に適切な指針を与えていきます。

コリント人への手紙第一の内容は、おおむね次のように区分できます。

一・一〜九　はじめのことば
一・一〇〜四・二一　教会内での分派争いの問題
五・一〜一三　性的不品行の問題
六・一〜一一　教会内での訴訟の問題
六・一二〜二〇　遊女との交わりの問題
七・一〜四〇　結婚・独身の問題
八・一〜一一・一　偶像に関する問題

一一・二〜一六　女性のかぶり物の問題
一一・一七〜三四　主の晩餐に関する問題
一二・一〜三一　御霊の賜物に関する問題
一三・一〜一三　愛の賛歌
一四・一〜四〇　預言と異言の問題
一五・一〜五八　死者の復活の問題
一六・一〜二四　献金の勧めと結びのことば

この内容区分から分かるように、この手紙は異教社会にある教会が直面した様々な問題を取り扱っています。パウロは、イエス・キリストの福音の光によって、諸問題に答えていきます。イエス・キリストの十字架の福音を、具体的な問題に適用していくのです。私たちの教会も異教社会にある教会として、様々な問題に直面しています。その意味で、コリント教会の問題は私たちの教会の問題であると言えます。異教社会日本の中で、キリスト者はいかに生きるべきか、また教会はどうあるべきなのか。そのことを、この手紙を通して共に学んでいきたいと思います。

目次

1　コリントにある神の教会

〈Ⅰコリント一・一～二前半〉

「神のみこころによりキリスト・イエスの使徒として召されたパウロと、兄弟ソステネから、コリントにある神の教会へ。」

コリントという町とパウロの伝道

コリントとはアテネの西にあるギリシアの都市です。ペロポネソス半島という大きな半島が、ギリシア本土に繋がっているその付け根の部分にあるのがコリントです。それゆえ、コリントは二つの海に面した二つの港をもつ都市でした。交通の要衝であり、経済的に繁栄していたのです。

コリントは紀元前一四六年にローマ軍によって破壊され、ローマの植民都市となりました。それゆえ当初は、主としてローマ人が住んでいましたが、ギリシア人が戻り、さらにはその他の諸民族も住むようになりました。多種多様な人々が住み、商人や旅人がいろいろな目的をもって集まって来ては、また散っていく。良く言えば国際都市で、活気があり、経済的に繁栄していた都市ですが、その一方でまとまりがなく、道徳的に腐敗していた都市、それがコリントでした。

このコリントに最初に伝道したのが使徒パウロです。パウロは、第二次伝道旅行の途中、トロアスという町でマケドニア人が助けを求めている幻を見ました（使徒一六章）。そこで、彼はエーゲ海を渡って、マケドニア州に行く決心をしました。こうして、福音はアジアからヨーロッパに入って行くことになるのです。

パウロはまずピリピに行き、伝道しました。そして回心者も出ますが、激しい反対に会い、町を後にします。そしてテサロニケ、ベレア、アテネを訪れることになります。いずれの場所でも伝道の実りがありますが、主としてユダヤ人たちの激しい反対に会いました。それから彼はアテネを去ってコリントに来たのですが、彼がコリントに来たとき、伝道上の様々な困難に直面して、意気消沈していたようです。コリント人への手紙第一、二章三節には「あなたがたのところに行ったときの私は、弱く、恐れおののいていました」と、最初にコリントに行ったときの自らの気持ちを記しています。

どの町で伝道しても、会堂を中心に形成されていたユダヤ人社会との対立、トラブルが起き、さらには異邦人からの迫害も起こる。その繰り返しに、さすがのパウロも心が萎え、恐れと不安に取りつかれていたのです。

しかしそのパウロを支える出会いがありました。コリントでパウロは、プリスキラとアキラ夫妻と出会ったのです。彼らはローマに住んでいたのですが、クラウディウス帝のユダヤ人退去命令によってローマを追われ、コリントに来たのです。彼らの職業はパウロと同じ天幕作りでした。パウロは、このプリスキラとアキラ夫妻の家に住み込んで、一緒に仕事をするとともに、彼らに支えられて伝道に励みました。

パウロはまず、安息日ごとにユダヤ人の会堂で論じましたが、ユダヤ人が受け入れないために、宣教の拠点を会堂からティティオ・ユストという人の家に移しました。そして一年六か月コリントに滞在して伝道に励み、多くの回心者を得、コリント教会の礎を築いたのです。

コリントでもやはりユダヤ人たちの強い反対、妨害がありました。しかしある夜、主は幻の中でパウロに言われたのです。

「恐れないで、語り続けなさい。黙ってはいけない。わたしがあなたとともにいるので、あなたを襲って危害を加える者はいない。この町には、わたしの民がたくさんいるのだから」（使徒一八・九〜一〇）。

意気消沈してコリントに来たパウロでしたが、プリスキラとアキラという具体的な助け手との出会いと、幻による主の励ましによって、伝道に励むことができました。そして多くの回心者を得ることができたのです。

コリント教会の諸問題

この後パウロは、コリントをあとにし、エペソに立ち寄ってから、伝道旅行の出発点であったアンティオキアに帰りました。そしてそこにしばらくとどまってから、再び伝道旅行に出発しました。これが第三次伝道旅行です。

パウロはまず小アジアで伝道した後、エペソにやって来ました。使徒の働き一九章一〇節によると、パウロがこのエペソに二年間滞在したことが分かります。そしてコリント人への手紙第一、一六章八節には、「しかし、五旬節まではエペソに滞在します」と記されており、この手紙がエペソで書かれたことが分かります。パウロのエペソ滞在は、五三年から五五年ですので、おそらくこのコリント人への手紙第一は、その滞在の半ばごろ、五四年か五五年ごろに書かれたと考えられています。

では、なぜパウロはこの手紙を書いたのでしょうか。執筆の動機は何なのでしょうか。

パウロがコリントを去った後も、コリント教会は成長し、活動的であり続けました。しかし同時に、教会の信仰を破壊しかねないような深刻な問題が起こっていました。

コリント教会は、パウロの開拓による教会であり、彼はその信徒たちをよく知っていました。また、コリントを離れた後も、彼らに対する牧会の責任を感じていました。教会の状況や、起こっている諸々の問題は、パウロのもとに知らされていました。おそらく、彼に状況を伝える人がいたのでしょうし、また同時に、教会の問題についての種々の質問が彼のもとに寄せられていたと思われます。そこでパウロは、こうした質問に答えるために、そして教会の諸問題の解決のために手紙を書いたのです。それがこのコリント人への手紙第一なのです。

では、コリント教会ではどんな問題が起こっていたのでしょうか。実に多くの問題が起こっていました。まず、教会内部での分裂、党派争いがありました。これについては、この手紙の一章から四章で扱われます。そして道徳上の乱れがありました。近親相姦や性的な不潔がありました。また、キリスト者の自由の誤用・乱用がありました。さらには、教会の集会の中に混乱や秩序の破壊がありました。そして、キリスト教信仰にとって中心的に重要な「復活の教理」についての誤った理解がありました。

こうした問題が、順次、この手紙の中で扱われていくのですが、総じて言えばコリント教会には、道徳的無秩序と教理的誤謬がはびこっていたということです。この二つは、ばらばらに存在していたのではありません。密接に結びついていたのです。

そしてこうした個々の問題の背後に、コリント教会が置かれていたギリシアの都市文化の影響、人々の思想ならびに生活様式の影響があったことは確かです。教会が置かれていた世界、その時代のギリシアの都市の文化的思想的影響が教会に及んでいたのです。

当時の住民の思考と生活様式をそのまま教会に持ち込む者たちがいました。それを持ち込んで、キリスト教的な意味づけを与えて正当化する者たちがいました。彼らはある種の熱狂主義者であり、そして自由放縦主義に生きる者たちでありました。そして、それに影響される人たちも出ていました。

ですから、ここで問われているのは、教会とこの世との関係と言ってもよいでしょう。コリント教会のある人たちには、異教社会との分離をできるだけ曖昧にしようとする傾向がありました。その結果、何が起こっていたのでしょうか。それは「教会のこの世化」です。ある神学者はこう言っています。「教会が世の中に存在するのは致し方ないことである。しかし、教会の中にこの世が存在するのはあってはならないことである。」

キリスト者になっても、異教社会の中で生きてきた生き方を変えない者たちがいました。異教的習慣を断ち切れない、また道徳的腐敗との関係を断ち切れないで曖昧な関係を続けている者たちがいました。そのために、そうした異教的要素や世俗的要素が教会の中に持ち込まれていました。そして様々な問題が起きていた。それがコリント教会の状況でした。それに対してパウロはこの手紙によって警告し、訓戒し、譴責《けんせき》するのです。

私たちもある意味で、コリントとよく似た世界に生きています。日本は異教社会ですし、経済的には繁栄し、そして道徳的には腐敗が進んでいます。それゆえ、コリント教会が直面していた問題は、私たちの教会が直面している問題でもあると言ってよいでしょう。

教会やキリスト者が「この世」との関係をどうするかというのは、いつの時代においても非常に重要な問題です。重要であるということは、無自覚であってはいけないということです。私たちは確実に、自分の生きている時代、文化、思想、生活様式の影響を受けています。その影響から逃れられる人はいません。もちろん、この世のものをすべて否定することが求められているわけではありません。感謝して受けとめたらよいこともたくさんあります。しかしその中には、聖書を信仰と生活の規範とするキリスト者として問わなければならない異教的要素や世俗的要素がたくさんあることもまた確かです。ですから私たちは、この世との関係について、決して無自覚であってはなりません。ルーズであってはいけません。

無自覚であれば、この異教的で世俗的な社会に生きる私たちは確実に、異教的世俗的要素に毒されていきます。無自覚であれば、教会はこの世に侵入されてしまい、この世と教会の区別が曖昧になってしまうのです。

これからこのコリント人への手紙第一を学び続けていくことになりますが、この手紙を、私たちの課題、教会の課題を問うものとして学んでいきたいと願っています。

手紙の差出人・使徒として召されたパウロ

手紙の内容に入ります。一節から三節が冒頭の挨拶です。当時のギリシアの手紙の形式に基本的に則《のっと》っています。まず一節に差出人の名前があります。

「神のみこころによりキリスト・イエスの使徒として召されたパウロ」

手紙の差出人はパウロです。そしてパウロは、自分を紹介することばとして「神のみこころによりキリスト・イエスの使徒として召された」ということばを付けています。

人はだれでも、いろいろなことばで、いろいろな面から自分を紹介することができます。年齢、職業、家族構成、学歴、業績、趣味等々です。そしてその多くは、人との関係、またはこの世との関係の中で、自分を紹介することばです。しかし、パウロがここで語ったのは、ただ神との関係において自己を紹介することばでした。パウロにとって、何よりも大切なのは神との関係です。神に召されて使徒となったということがまさに、パウロにとってすべてであったのです。

パウロが使徒に召された出来事は使徒の働き九章に記されています。彼は熱心なユダヤ教徒として、権限を与えられてキリスト教徒を迫害することに努めていた人でした。その彼に主イエスが出会ってくださり、彼は神のみこころによって召されて、イエス・キリストの使徒とされたのです。キリスト教徒を迫害し、教会の撲滅を願っていた彼が、今度はそれとは全く逆に、キリストの使徒として、すなわち主からの特別な権限を与えられた者として、福音を宣べ伝える者とされたのです。

パウロは決して、自分の考えや願いで使徒になったのではありません。自ら語るように「神のみこころにより召された」のです。彼にその資格があったわけではありません。むしろ、キリスト者を迫害していたのですから、人間的に言えば、最も資格がない者でした。しかし、主イエスはその彼と出会い、彼の罪を赦し、そして彼をイエス・キリストの使徒としたのです。ですから彼はただ神の召しに答え、神のみこころが全うされることだけを願うのです。

それゆえパウロは決して、使徒としての権威をいたずらに振り回すことはありませんでした。神から与えられる召しとそれに伴う権威というものは、ただ神の働きのために与えられたものです。そして与えられた神の働きというのは、福音を宣べ伝えて教会を建てることです。一人ひとりをキリストのからだの部分として整えることです。

これは使徒への召しだけに当てはまることではありません。神の召しというのは、常に、神の働きのための召しであり、人に仕えるための召しなのです。神はその人自身を高めるために召されることはありません。そうではなく、その人が仕える者となるために、その人を召されるのです。

パウロは使徒としての権威を与えられましたが、その権威は、あくまで教会を建て上げるためのものでした。一人ひとりが、キリストのからだの一部として生かされる者となることを願い、その実現のために彼は権威をもって働いたのです。人の上に立つための権威ではなく、仕えるための権威でした。ですから彼の権威にはいつも神の愛が伴っていたのです。

さて、差出人はパウロだけでなく「兄弟ソステネから」と付け加えられています。このソステネについて、詳しいことは何も分かりません。ただ、使徒の働き一八章一七節に同じ名前の人物が登場します。そこではソステネは会堂司ですが、ユダヤ人たちから打ちたたかれていますから、すでにキリスト教信仰に入っていたということかもしれません。しかし、このソステネと差出人が同一人物であるという証拠があるわけではありません。ソステネという名前自体は珍しいものではないのです。はっきりしていることは、ソステネはエペソにおいてパウロと共におり、彼を助けていたということです。おそらく、ソステネがパウロの口述を筆記していたのでしょう。

パウロは偉大な使徒ですが、偉大であるから人の助けを必要としないで、ひとりで働けたということではありません。彼には助けや仲間が不要であったということはありません。むしろ、いつも共に働く仲間を、祈り合い、分かち合う仲間を必要としました。

コリントに最初に来たときに、意気消沈していたパウロを励まし支えたのは、信徒夫妻であったプリスキラとアキラでした。偉大な使徒でさえ、いつも仲間を、祈り合い励まし合える仲間を必要としました。ですから、どんな働き人であっても、励まし支えてくれる仲間が必要です。交わりが必要です。人は孤立したならば、決して良い働きをすることはできません。パウロでさえ、祈り励まし合う交わりを必要としたのですから、私たちがそれを必要とするのは当然のことです。そうした交わりや仲間がなければ、私たちは、主の働きに本当の意味で励むことはできません。

その意味でも、礼拝の出席だけでなく、祈禱会や諸集会にも積極的に参加することが重要であると言えます。また、個人的な祈りの友をもつことが本当に大切なのです。

手紙の宛て先・コリントにある神の教会

最後に、短くこの手紙の受取人に触れておきます。受取人は「コリントにある神の教会」です。

「教会」と訳されていることばは、エクレシアということばです。これは、もともとは宗教的なことばではありません。「集会」と訳すことができるもので、古典ギリシア語においては、投票権をもつ自由人男子によって構成される市民集会を意味していたそうです。町の議会を意味していることばでもありました。また他の集まりにも用いることができることばで、結局のところ、世の中にある様々な集まり、集会を意味することばでした。

それゆえ大切なのは、このエクレシアが「神のエクレシア」であるという点です。神のエクレシアとは、神が召集された集会ということです。神がその民を呼び出された集まりということです。教会は、人間が主体となって集まっているところではありません。人間の都合で、人間の楽しみで集まっているところではありません。

この世の中には様々な集会や、団体があります。そしてそれぞれにその目的があります。中心点があります。では、教会の中心点は何なのでしょうか。それは決して人間的なことではありません。私たちの都合で、私たちは教会に集まっているのではありません。私たちの利益のために、教会に集まっているのではありません。また私たちが慰めを得るために、教会に集まっているのではない。もちろん、結果として慰めも得られるでしょう。しかしそれを与えることが、教会の存在目的ではないのです。

教会は神の召集による集まりです。ですから、あくまで神がその中心です。神以外のものが、教会の主人となってはいけません。イエス・キリスト以外のものが、教会のかしらとなってはなりません。

ですから、教会の中心は「神礼拝」にならざるを得ません。神を中心に、神を讃美し、神に祈るところに、教会の教会たる所以《ゆえん》があります。教会はあくまで神のものであり、神を中心とした集まりなのです。

そしてもう一つ大切なことがあります。パウロは「コリントにある神の教会へ」と書きました。つまり、その神の教会は所在地不定なのではありません。漠然とどこかにあるのではありません。「コリントにある」のです。

すなわち教会は、具体的なこの地上にしっかりと存在するものであるということです。この地上から遊離した存在であってはなりません。ある意味で、教会はその地にしっかりと根を下ろして存在する必要があります。

しかしそれは決して、教会がその地に埋没してしまうということを意味しません。コリントは世俗的な異教都市でした。そのようなコリントという都市の性質の中に、教会は埋没してはなりません。教会はあくまでも「神のエクレシア」です。神の召集による集まりです。そこに教会の教会たる所以があります。むしろ教会は、その教会の本質を、神のエクレシアであることを、その地で証ししていく必要があるのです。この世と教会は、決して一体化してはいけません。

しかし同時に、教会はこの世に存在し、この世に根を下ろし、この世に対して、神の教会であることを、そしてその教会のかしらであるイエス・キリストの福音を、宣べ伝えていく必要があります。その使命があるのです。

私たちが属している教会も「神のエクレシア」です。神の召集によって集まっている群れです。そして同時に、私たちの教会は、日本の、この町にある教会です。そしてこの地で、しっかりと「神のエクレシア」であることを証ししていく使命がある。教会のかしらであるイエス・キリストの福音を証ししていく使命があるのです。

世にあって、世のものでない教会を建て上げることが、私たちの使命です。そしてこの業に加えられていることほど、名誉で喜ばしいことはないのです。

2　パウロの感謝

〈Ⅰコリント一・二〜四〉

「コリントにある神の教会へ。すなわち、いたるところで私たちの主イエス・キリストの名を呼び求めているすべての人とともに、キリスト・イエスにあって聖なる者とされ、聖徒として召された方々へ。主はそのすべての人の主であり、私たちの主です。私たちの父なる神と主イエス・キリストから、恵みと平安があなたがたにありますように。私は、キリスト・イエスにあってあなたがたに与えられた神の恵みのゆえに、あなたがたのことをいつも私の神に感謝しています。」

聖なる者とされた方々へ

パウロは「コリントにある神の教会」に宛てて手紙を書きました。この「神の教会」ということばが、二節の後半で「キリスト・イエスにあって聖なる者とされ、聖徒として召された方々」ということばに言い換えられています。

神の教会とは何か。それは「キリスト・イエスにあって聖なる者とされた」人の集まり、「聖徒として召された」人の集まりなのです。

この「聖なる者とされた」というのは、神のために分離されたという意味です。この世から取り分けられて、神のものとされた者、それが聖なる者です。ですから、人間は生来、聖なる者であったのではありません。私たち人間は、聖なる者として生まれてきたのではありません。むしろ、罪を負い、永遠の死のさばきに値する者として生まれてきました。その私たちが聖なる者とされたのです。

それは何によって起こるのでしょうか。パウロははっきりと「キリスト・イエスにあって聖なる者とされた」人と言っています。人が聖なる者とされるのは、ただイエス・キリストによるのです。

イエス・キリストを離れて、人が神に受け入れられ、神のものとされることはありません。イエス・キリスト抜きに、人が神に喜ばれる存在となることはできません。ただキリストのゆえに、私たちは罪を赦され、神と和解させられました。ただキリストに結びつくことによって、私たちは義とされ、聖とされました。それ以外の手段はありません。それ以外に、私たちが救われる道はありません。キリストを離れては、罪の赦しも、腐敗からの聖めもありません。キリストを離れては、永遠に繋がる実を結ぶことは決してないのです。

ここでパウロは「聖なる者とされた」人というところで完了形を用いています。つまりコリントの信徒たち、すなわちキリスト者は、すでに聖とされた者、聖徒である、とパウロは言うのです。彼らは決して「聖徒となるために召された」と言われているのではなく、「すでに聖徒である」と言われています。コリント教会に属する者たちは、すでに聖徒なのです。すでにキリストのものとされている人たちなのです。

パウロは、コリントの信徒たちが、神に所属する、神のものとされた人たちであることを強調しています。コリント教会には本当に多くの問題がありました。分裂があり、不道徳があり、自由の乱用があり、無秩序があり、教理理解の誤りがありました。

宗教改革者のジャン・カルヴァンは、コリント教会のことを「神よりもむしろサタンが支配しているとでも思われる程悪徳の充満したこの人間の集団」（『カルヴァン新約聖書註解Ⅷ　コリント前書』田辺保訳、新教出版社、一九六〇年、二一頁）と呼んでいます。しかしその群れをパウロは「神の教会」と呼び、さらには「聖なる者とされた方々」と呼びました。

なぜパウロはこう呼んだのでしょうか。それは、この点こそがパウロの議論の土台であり、出発点であったからです。

パウロはこの手紙の中で、具体的な多くの問題を取り上げていきます。厳しい命令や勧告もします。しかし、そうした議論ができる土台は何なのかといえば、それはコリント教会が「神の教会」であることにあるのです。

パウロは何よりも、神における事実、神の恵みの事実を確認してから、教会改革を進めようとします。いや、その恵みの事実があるからこそ、パウロは教会を改革することに取り組むことができるのです。神にある恵みの事実を忘れて、問題だけに取り組むことをしませんでした。それでは、本当の意味で問題は解決しません。

コリント教会は、その具体的問題を見れば、まさにカルヴァンが言うように、サタンが支配していると思えるような悪徳の充満した集団でした。しかしパウロは、この群れを起こしてくださった神の御業、人々を召してくださった神の救いの御業を忘れません。そしてその神の業が確かであることを忘れないのです。ですから、大変な状態にある教会をも「神の教会」と呼びました。そして、教会に対する神の変わらない寵愛を信じて、改革に取り組むことができました。

コリント教会だけでなく、この世に存在する教会は不完全であり、多くの問題を抱えています。また、私たちキリスト者の聖化も不完全であり、それぞれにいろいろな問題を抱えていることでしょう。しかし、問題があることが本当の問題ではありません。問題に埋没してしまい、問題だけに心を奪われることが本当の問題なのです。

パウロは決して、コリント教会の問題、その信徒たちの問題だけに心を奪われることはありませんでした。あくまで、神にある恵みの事実に立って物事を見つめていました。恵みの現実を土台として、物事に対処しようとしていました。そうでなければ、教会やキリスト者の問題が正しく導かれることはないのです。

教会はどんなに問題があっても、貧しくても、小さくても、神が召された群れであるならば、それは確かに「神の教会」です。そしてそこに集められた者は、どんなに弱く、問題を抱えていたとしても、「聖なる者とされた人」、神のものとされた人です。その恵みの事実を確認することから、すべてのことは始まります。そしてこの恵みの事実を見失うなら、私たちは希望を失うことになりかねません。

そしてパウロがコリントの信徒たちを「聖なる者とされた人々」と呼ぶことができたことの背後には、そこに神の永遠の選びを見ていたからだと言えるでしょう。神が、ある人たちを聖なる者、神のものとして取り分けられた背後には、神の永遠のご計画、キリストにある選びがあります。変わることのない、動かされることのない、確かさがある。ですからパウロは、心引き裂かれるような問題に直面しながらも、失望せずに、希望をもって取り組むことができるのです。

さらに教会には、そしてキリスト者にはゴールがあります。永遠の御国というゴールです。そこでイエス・キリストと相見《あいまみ》えて、神を礼拝する天上の教会というゴールです。その到達点を知っているがゆえに、その約束を与えられているがゆえに、「今」という時の問題に取り組めるのです。神の約束に信頼を置いているがゆえに、希望を失うことがありません。

コリントの教会がそうであったように、地上の教会は多く問題に直面し、苦しみます。その問題だけを見ていたら、悲観的にならざるを得ないでしょう。しかし、パウロがそうであったように、神がなさった恵みの事実に目を留め、さらには神が約束しておられる将来の栄光に目を留めるならば、私たちは希望を失わずに、今という時を生きることができます。そして問題にも取り組むことができるのです。

イエス・キリストの名を呼び求めているすべての人とともに

二節でもう一つ、目を留めておくべきことがあります。それは「いたるところで私たちの主イエス・キリストの名を呼び求めているすべての人とともに」ということばです。この「すべての人とともに」は、「すべての人へ」と、宛て先と理解して訳すことも可能です。つまりこの手紙は、単にコリント教会だけに宛てて書かれたのではなく、世の中すべてのキリスト者に読んでもらうために書かれたということです。

確かに直接には、特定の読者を想定して書かれた手紙ですが、同時に、不特定多数の読者に向けた公開書簡でもあるのです。その意味で言えば、まさに私たちの教会に向けて書かれた手紙として読むことができます。

パウロはコリント教会を、世界の教会の交わりの中に位置づけています。コリント教会は孤立しているのではありません。全世界の教会の一つとして位置づけています。そしてパウロは、彼らがそのような自覚をもつように促しています。すなわち、教会的交わりの一員であることの自覚をもたせようとしているのです。

私たちも常にそのような自覚をもつことが大切です。私たちは特定の教会に召されてそこに集っているのですから、まずその教会のことを考えるのは自然なことです。しかし、自分の教会のことだけを考えればよいというわけではありません。同じ教派に属する他の教会のことも、さらには教派を超えて、日本や世界の教会のことにも心を留める必要があります。そのような大きな交わりの中に、私たちの教会もまたあるのです。

パウロはここで「私たちの主イエス・キリストの名を呼び求めているすべての人」と記していますが、そこに教会の本質が明らかにされています。つまり、主イエス・キリストの名を呼び求めている人々の集まりが教会なのです。旧約時代以来、神の民とは御名を呼び求める者たちでした。御名を呼び求める、すなわち、神を礼拝するのが神の民であり、教会は礼拝共同体なのです。

イエス・キリストを救い主と信じ、告白し、讃美し、感謝し、祈ることが礼拝です。そしてそのように礼拝する共同体は、すべて「神の教会」です。それゆえ、神の教会は本来一つであると言わなければなりません。私たちもその一つなる神の教会の一つの部分です。

その自覚を忘れてはなりません。

二節の終わりでパウロは「主はそのすべての人の主であり、私たちの主です」と言っています。イエス・キリストは自分たちの教会の主であるだけでなく、イエス・キリストの名を呼び求めている人々すべての主なのです。

それゆえ私たちも、全世界にいるイエス・キリストを求める人々とともに、神の教会をつくる必要があります。私たちはその視点を失ってはなりません。もちろん、自分たちの教派の伝統や歴史を大切にする必要があります。そのことは他の教派や教会でも同じです。それは、それぞれの教会の歩みを導かれた神に対する真実な応答です。ですから私たちはまず、所属する教会や教派のことを考えます。

しかし、それがすべてであってはなりません。同時に私たちは、自分たちが、全世界にあって御名を呼んでいる者たちの一部であることを自覚する必要があります。そしてその全体の一部として、自分に与えられているところで、主に忠実に、キリストのからだなる教会を形づくっていくのです。

恵みと平安があなたがたにありますように

一節が差出人、二節が宛名人、続く三節が挨拶文となります。パウロは言います。

「私たちの父なる神と主イエス・キリストから、恵みと平安があなたがたにありますように。」

これはパウロの多くの手紙に出てくる表現です。これは、挨拶であると同時に祈りのことばでもあります。パウロは恵みと平安が与えられるように祈りました。その恵みと平安は、父なる神がイエス・キリストによって与えてくださるものです。

ここで、父なる神と主イエス・キリストは区別されていますが、しっかりと結ばれています。父なる神は創造者であり、私たちを救うための計画を立てられたお方です。そして子なる神は、その父の救いのご計画に従って、この世に来られ、私たちのために救いの業を成し遂げてくださいました。父なる神と子なるイエス・キリストとの御業によって、私たちは救われたのです。そして今も、御父と御子は一つとなって、恵みと平安を与えてくださるお方なのです。

「恵み」とは、神が自由に無償で与えてくださるものです。それが私たちの幸福の唯一の基盤であると言ってもよいでしょう。神の恵みがなければ、私たちに幸いはありません。この世のどんなものも、本当の意味で私たちを幸福にすることができるわけではありません。それを実現できるのは、神の恵みのみです。

そして「平安」とは、全体的・全般的な繁栄、祝福を意味します。単に争いがないということ、つまり外的な平和だけでなく、内的な平安もそこには含まれます。ある説教者が

「平安こそ、すべての人間が最後に求めるものです」と語っていました。人間が最後に求めるものは平安だというのです。

確かに、地上の生活において、人間を幸福にするものはたくさんあるでしょう。しかし、どれも一時的なものです。そしてどれも最後まで人間を幸福にできるわけではありません。最後に求めるものは、本当の平安です。たましいの安らぎと喜びです。この平安をもって生涯を閉じることのできる者こそが幸いなのです。

そしてその平安はただ、神から与えられるものです。イエス・キリストを通して与えられるものです。たましいの平安を脅かすのは人間の罪であり、それに対するさばきへの恐れです。ですから、罪の赦しがなければ、人は平安を得ることはできません。その平安を、イエス・キリストは与えてくださいます。その平安に生きる者は真に幸いです。それゆえ、その幸いが与えられることをパウロは祈っているのです。

いつも神に感謝する

三節までで挨拶が終わり、続く四節から九節でパウロは感謝を述べています。これも古代の手紙の書き方の慣習に合致しているのですが、パウロは決してお世辞として、外交辞令として感謝を述べるのではありません。パウロの感謝には彼の信仰が表れています。

「私は、キリスト・イエスにあってあなたがたに与えられた神の恵みのゆえに、あなたがたのことをいつも私の神に感謝しています」(四節)。

一章の一〇節から、パウロはコリント教会の問題に切り込んでいきます。それに先立って、彼はまず神に感謝し、神の御名を崇めます。最初に神の恵み、神がなしてくださったことに目を留める。それがパウロの姿勢でした。こうして、続いて語られるすべてのことは、この恵みの神への信仰のもとで語られることになります。

パウロが感謝したのは、「キリスト・イエスにあってあなたがたに与えられた神の恵みのゆえ」でした。コリントの信徒たちが「受けた」神の恵みについて、パウロは感謝したのです。コリントの信徒たちが「なした事柄」に感謝したのではありません。人間の業績に感謝したのではありません。神が彼らになさったことについて、パウロは感謝したのです。それゆえこの感謝は彼らに向けられたのではなく、神に向けられていました。神の恵みが彼らのうちに実現したことを感謝した。神がなしてくださったことを感謝したのです。本当の感謝とはそういうものです。

私たちはどれほど神に感謝しているでしょうか。神がなしてくださったことに目を留めなければ、神への感謝は生まれません。人間の業にばかり目を留めていれば、人に対する思いばかりが心を占めることになります。感謝も生まれるでしょうが、不平不満も生まれてくるでしょう。しかし私たちが何より目を留めるべきは、神の御業です。何を始めるにおいても、神の御業に目を留め、感謝することから始める必要があるのです。

そして、神の恵みに目を留めるならば、パウロが言うように「いつも神に感謝」する者となります。嬉しいことや楽しいことがあった時だけ、感謝するのではありません。神の恵みを受けて、今、救われて、神の子とされていること。そして日々恵みのうちに生かされ、導かれていることを感謝する。その恵みは、永遠のうちに根拠をもち、永遠に繫がるものですから確かです。その確かな神の恵みに感謝する。いつも感謝するのです。

実際の私たちは何に感謝しているのでしょうか。良いことがあった時だけ感謝しているということはないでしょうか。希望どおりにならなかったら不平を言っているということはないでしょうか。もちろん、特別な恵みを感じた時に感謝するのは自然なことです。しかし、本当に感謝すべきことに感謝しているのでしょうか。

イエス・キリストによって救われていること以上に、感謝すべきことはありません。私たちがたとえどんな状況になったとしても、イエス・キリストによって救われているという事実が変わることはありません。

その確かさは、私たちの側が握っているのではなく、神の側に根拠があります。ですから私たちは、失われない希望をもって生きることができます。奪い去られることのない平安を得ることができます。それに感謝する以外に、何に感謝したらよいのでしょうか。

3　神は真実です

〈Iコリント一・五〜九〉

「あなたがたはすべての点で、あらゆることばとあらゆる知識において、キリストにあって豊かな者とされました。キリストについての証しが、あなたがたの中で確かなものとなったからです。その結果、あなたがたはどんな賜物にも欠けることがなく、熱心に私たちの主イエス・キリストの現れを待ち望むようになっています。主はあなたがたを最後まで堅く保って、私たちの主イエス・キリストの日に責められるところがない者としてくださいます。神は真実です。その神に召されて、あなたがたは神の御子、私たちの主イエス・キリストとの交わりに入れられたのです。」

ことばと知識の豊かさ

一節から三節の挨拶に続き、四節でパウロは神への感謝を記しました。そして五節から七節には、その恵みが具体的に記述されています。

「あなたがたはすべての点で、あらゆることばとあらゆる知識において、キリストにあって豊かな者とされました」(五節)。

コリントの信徒たちは、キリストにあってすべての点で豊かになりました。すべての点で富める者となりました。豊かな霊的いのちが溢れているというのです。

ここでパウロは特に二つの点を取り上げています。それが「あらゆることばとあらゆる知識」ということです。特に、ことばと知識において豊かになっているとパウロは言うのです。

「ことば」とは、コリント教会の人たちが語ることばの力、真理を語ることばの力、伝えるメッセージの豊かさということです。「知識」というのは、真理の把握のことです。知的な理解、真理の明確な理解、それを把握する力。その点において、コリント教会は特に優れていたのです。

パウロはこの「ことば」と「知識」の豊かさは、神によって特にコリント教会に与えられた恵みだとしています。パウロがあえてここで「ことばと知識」を取り上げているのは、コリント教会におけるこの優れた点が神の恵みによるものであることを、彼らに確認させるためであったと思われます。

ことばと知識の豊かさは、コリント教会の特徴であり長所でした。ギリシア人のもっていた知的な資質が、御霊によって聖められて、豊かなものとして実を結んでいたのだと思われます。しかしこの長所が、同時にコリント教会の問題にも繋がっていました。それは、彼らがそのことばや知識を誇る傾向をもっていたことです。しかしパウロはここで、これらがすべて神の賜物であることを強調することによって、神にのみ栄光を帰すように促しています。

コリント教会のもっていることばと知識の豊かさを、パウロは神に感謝しました。このことは改めて、私たちの信仰における知的な面の大切さを教えていると言えます。真理をことばとして把握し、それについての明快な理解をもち、それを語る力をもつ。それが、私たちの信仰にとって非常に重要なのです。

日本においては、一般的に、宗教は非常に情緒的なものとして考えられがちです。ことばによる理解、知的な理解、論理というものはあまり位置を占めません。仏式の葬儀や法事で長々とお経が読まれるのを聞くことがありますが、参列者にその内容が理解されることが期待されているわけではありません。般若心経の解説を読んだことがありますが、そこでは崇高で興味深い思想が語られています。しかし、それを理解することが期待されているわけではないように思えます。

しかし、私たちの信仰はそうであってはなりません。キリスト教信仰にとって、ことばと知識は非常に大切です。何を信じているかということをことばで説明できなければなりません。なんとなく、漠然と信じているというところにとどまっていてはならないのです。

基礎的な聖書の教え、救いの道筋を理解していなければなりません。福音の真理をことばで把握し理解する。そしてそれを語れるようになることが大切です。

ペテロもその第一の手紙の中で、「あなたがたのうちにある希望について説明を求める人には、だれにでも、いつでも弁明できる用意をしていなさい。ただし、柔和な心で、恐れつつ、健全な良心をもって弁明しなさい」(三・一五〜一六)と命じました。

聖書の学び、教理の理解はその意味でも重要です。しかし、学びにおける知識が「自分のことば」にならなければ意味がありません。自分が信じていることを言葉化する。自分が深く信じていることと自分のことばが乖離《かいり》しない。そのようなことばにこそ、力があるのです。そのようなことばでなければ、ことばには力はありません。ペテロが命じたのは、そのようなことばを語れるようになりなさい、ということです。

霊的賜物と再臨待望

続いてパウロは、コリントの信徒たちが受けた神の恵みとして、六節で次のように語っています。

「キリストについての証しが、あなたがたの中で確かなものとなったからです。」

パウロがコリントで行った宣教、すなわち説教は、まさに「キリストについての証し」

でした。そしてその福音が、コリントの信徒たちにおいて確かなものとなりました。揺るぎないものとして確立しました。語られた福音が、そして聞かれた福音のことばが、御霊によって一人ひとりの心の内で深い確信となり、そして教会としても深い確信として確立したのです。キリストの証しである福音が、教会に揺るぎないものとして根を下ろした。パウロはそれを神の恵みとして、第二に挙げているのです。

その結果、七節にあるように、コリントの信徒たちは「どんな賜物にも欠けることがない」ようになりました。「どんな賜物にも欠けることがない」というのは、完全であるということではなく、なくてはならないものがすべてあるということです。キリストによって与えられる霊的な賜物がすべて備わっているということです。欠けるところがないのです。

ここで心に留めるべき大切なことは、パウロはこの霊的賜物に満たされることを、キリストの再臨待望と結びつけていることです。七節には「その結果、あなたがたはどんな賜物にも欠けることがなく、熱心に私たちの主イエス・キリストの現れを待ち望むようになっています」とあります。賜物に何一つ欠けるところがないことが、キリストの現れを待ち望むことと結びついているのです。豊かな賜物に満たされて、その現状に満足するのではありません。その現実にとどまってしまう、固執してしまうのではありません。霊の賜物に満たされることは、キリストの再臨待望に結びつくのです。

これは霊的な賜物が本来もっている性質から導き出されることです。というのは、現在、私たちに与えられている霊的な賜物は、将来あずかることが約束されている神の国の祝福の前味だからです。私たちは今、神の恵みを理解し、それを喜ぶことができますが、その理解もキリスト再臨の時には完全なものとなり、より大きな喜びに包まれます。私たちには今、神に感謝し、神を礼拝する思いが与えられていますが、その神への感謝と礼拝も、かの日には、より豊かで完全なものとなります。私たちに今与えられている霊の賜物とそれによる喜びは、将来与えられる神の国の栄光とそれにあずかる喜びに結びついているのです。

私たちに現在与えられている聖霊の賜物は、将来、御国を受け継ぐことの保証です。将来神の国を受け継ぐことの手付金です。聖霊の賜物にはいろいろなものがありますが、何よりもまず挙げられるのは、イエス・キリストを信じる信仰です。そして、私たちは信仰によって神の国の前味を味わっています。とりわけ信仰共同体における礼拝において、私たちは神の国の前味を味わいます。そして、共にイエス・キリストの再臨を待ち望むのです。

コリント教会は、多くの賜物を与えられている教会でした。そして聖霊の賜物は、本来、キリストの再臨待望と結びつくものですが、コリントにおいては必ずしもそうではありませんでした。つまり、彼らの中の一部の人々は、与えられた賜物を自分の功績のように誇ったのです。与えてくださった神に感謝し、ますますへりくだって、キリストの再臨を待ち望むのではなく、彼らは与えられたものであるにもかかわらず、自分で得たかのように思い上がりました。この手紙の四章七節でパウロは彼らを非難して、こう言っています。「いったいだれが、あなたをほかの人よりもすぐれていると認めるのですか。あなたには、何か、もらわなかったものがあるのですか。もしもらったのなら、なぜ、もらっていないかのように誇るのですか。」

私たちがもっているものは、すべて神からの賜物です。神からいただかなかったものは、何一つありません。すべてを与えてくださったのが神であると本気で知るなら、神のみこころなしに賜物を用いることはできないでしょう。神を無視して自分中心に生きることはできません。

コリント教会の人たちには、豊かな賜物が与えられていました。彼らは当然、感謝して、神と人に仕えるためにそれを用いるべきでした。しかしかえって、その賜物のことで自らを誇るようになってしまいました。与えてくださった神を忘れ、それを得ている自分を誇るようになった。そしていつのまにか、与えられたものであることさえ忘れて、自分の努力で得たかのように思い上がったのです。

そうなれば、彼らの関心は主の再臨には向かいません。福音は、救いの完成という、未来に向けられた性格をもちますが、彼らの関心は、未来ではなく現在だけに集中することになります。この世に集中することになるのです。

キリスト教信仰というものは、「すでに」与えられた恵みをしっかりと受けとめると同時に、「いまだ」実現していない約束を待ち望むものです。この「すでに」と「いまだ」の緊張感が大切です。しかしコリントの信徒たちは、現実に心を奪われたことによって、「いまだ」の緊張感を失いつつありました。現実がすべてとなれば、目に見えることが大事になり、見えるところで人と比較して、自らを誇るということが起こってきます。こうして、教会の徳を高めるために与えられた賜物が、かえって問題を引き起こすことにさえなっていました。しかし、聖霊の賜物は本来イエス・キリストの再臨待望に結びつくものなのです。

最後まで支えてくださるイエス・キリスト

七節で恵みの賜物は将来の保証であることを示したパウロは、その確かさを八節で明言しています。

「主はあなたがたを最後まで堅く保って、私たちの主イエス・キリストの日に責められるところがない者としてくださいます。」

キリストは、コリントの信徒たちをあらゆる点で豊かにし、また何一つ欠けるところがないように賜物を与えてくださった方ですが、そのキリストが最後まで、彼らをしっかり支えてくださるのです。

五節の「すべての点で……豊かな者とされました」、六節の「キリストについての証しが、あなたがたの中で確かなものとなった」は過去形でした。そして七節の「どんな賜物にも欠けることがない」は現在形です。過去の恵みの事実と、それに基づく現在の恵みを数えました。そして八節では未来形で将来の恵みが語られるのです。それが「主はあなたがたを最後まで堅く保って」くださるという約束です。

キリストに結びついてキリストのものとされ、御霊の賜物を与えられている人は、主イエスが保証人として、最後まで支えてくださいます。具体的には、八節の後半にあるように「私たちの主イエス・キリストの日に責められるところがない者としてくださる」ということです。

「主イエス・キリストの日」とは、主が再び来られる日、再臨の日のことです。そのときに、キリストのものとされている私たちは「責められるところがない者」とされます。罪や汚れについて、もはやまったく非難されるところのない者とされます。義人と認められ、受け入れられます。救いの完成の時を迎えるのです。

その完成の時まで、イエス・キリストは私たちをしっかり支えてくださいます。この地上の生涯の終わる時まで、そして主イエスと出会うその時まで、しっかりと支えられます。

このように、イエス・キリストの救いの業は、過去、現在、未来と続きます。そして、最後までそれは途絶えることがありません。主は最後まで、すなわち救いの完成に至るまで、私たちを支え導いてくださるのです。

神は真実です

パウロは以上のことが空しい希望でないことを明らかにするために、九節で希望の根拠を明らかにしています。それが「神は真実です」ということばです。

どんなにすばらしい祝福の約束であっても、それが確かなものでないならば、祝福のことばに実質はありません。確かでなければ空しいものです。そしてその確かさの根拠が、確かな方のもとになければ、確かとは言えません。

祝福のことばがどんなに豊かでも、その祝福の確かさが私たち人間にかかっていると言われたらどうでしょうか。本当に祝福は確かと言えるでしょうか。私たち人間はだれでも弱く、惨めな存在です。外からの誘惑や危険もあります。罪の力は強いものです。状況に左右される弱さももちます。私たちは決して堅固ではありません。揺れ動く存在です。

そんな私たちに確かさの根拠が求められるなら、私たちは神の祝福を受けることについて、安心することはできないでしょう。あなたの信仰が立派でなければ神の祝福は与えられないと言われたら、正直に自らを省みる人は、だれ一人心安んじることはできないのではないでしょうか。

パウロはここで「神は真実です」と述べました。これは、神は信頼できるということです。そしてここには、人間はそうではないけれど、という思いが込められています。人間は結局どこかで神を裏切っている存在です。そうした面がない人はいません。ですから、人間は確かさの根拠にはならないのです。

しかし、神は真実な方です。神がその祝福の確かな保証なのです。神の側に祝福の保証があるのです。ですから私たちは、そこに確かな希望を置くことができます。パウロはピリピ人への手紙の中でこう述べています。

「あなたがたの間で良い働きを始められた方は、キリスト・イエスの日が来るまでにそれを完成させてくださると、私は確信しています」(一・六)。

神が始められた救いの業を、神ご自身が最後まで成し遂げてくださる。途中で投げ出されることはありません。私たちを召してくださった神は、最後まで私たちを支えてくださいます。イエス・キリストの再臨の時、主とお出会いする時まで、確かに私たちを守り、導いてくださいます。私たちが自分の力で、努力でそれを実現するのではありません。真実な神がそれを実現してくださる。神の真実がそれを成し遂げてくださるのです。

イエス・キリストとの交わり

最後に、九節の後半のみことばを見ておきます。

「その神に召されて、あなたがたは神の御子、私たちの主イエス・キリストとの交わりに入れられたのです。」

このような真実な神がコリントの信徒たちを召して、主イエス・キリストとの交わりに入れてくださいました。神の召命が目指すものは何か。それが「イエス・キリストとの交わり」なのです。つまり、キリスト者になるというのは、イエス・キリストとの交わりに入るということです。主イエスとの霊的な豊かな関係をもつ。その交わりの祝福にあずかる者となることです。

と同時に、この「交わり」と訳されていることばは、「共に分かち合う」という意味ももっていますから、「イエス・キリストを共に分かち合う交わり」の中に入るということも意味します。つまり「主イエスのいのちを分かち合う共同体」に入るということです。

信仰は確かに、ある面では個人的なものです。自分と神との一対一の関係が何より大切です。しかしそれだけにとどまるものではありません。聖書的な信仰は、共同体として、神の民として共に信仰に生きるという点に特徴があります。ですから、教会が本質的に重要な意味をもつのです。私たちは、「私の神」と呼ぶことのできるお方を知ると同時に、「私たちの神」として共に主を仰ぎ、共に主を礼拝して信仰の歩みをします。そして共に、主の再臨を待ち望むところにキリストの教会があると言えるのです。

4 一致の勧め

〈Iコリント一・一〇〜一三〉

「さて、兄弟たち、私たちの主イエス・キリストの名によって、あなたがたにお願いします。どうか皆が語ることを一つにして、仲間割れせず、同じ心、同じ考えで一致してください。私の兄弟たち。実は、あなたがたの間に争いがあると、クロエの家の者から知らされました。あなたがたはそれぞれ、『私はパウロにつく』『私はアポロに』『私はケファに』『私はキリストに』と言っているとのことです。キリストが分割されたのですか。パウロがあなたがたのために十字架につけられたのですか。あなたがたはパウロの名によってバプテスマを受けたのですか。」

教会における争い

コリント人への手紙第一は一〇節からいよいよ本論に入ります。この手紙は、コリント教会からの問い合わせに答えるという牧会的手紙ですが、パウロは質問に答えるだけではなく、自らが聞き知った問題をまず扱おうとします。その問題とは、教会における不和、争いという問題でした。

パウロは、どこからそのような情報を得たかについて、一一節で次のように述べていま す。

「私の兄弟たち。実は、あなたがたの間に争いがあると、クロエの家の者から知らされました。」

パウロはここで情報源を明らかにしていますが、ここにもパウロの牧会者としてのきめ細かさがよく現れています。争っている者たちにとっては、その情報がだれによって、どのような内容として伝えられたかに敏感にならざるを得ません。争っている相手方が、自分たちの都合の良いように歪んだ情報をパウロに伝えたかもしれないと思うからです。パウロが争いのあることを知っている、と聞いただけで、彼らは、パウロがなぜ、どのようにしてそれを知ったのかを考えざるを得ないでしょう。公正な情報ではなく、歪んだ情報が伝えられたかもしれないと思えば、素直にパウロの助言を受け入れることはできないでしょう。それゆえパウロは情報源を明らかにするのです。パウロは「クロエの家の者から知らされました」と言います。クロエというのは、女性の名前ですが、ここにしか出てきませんので詳しいことは分かりません。

しかし、「クロエの家の者」つまり、クロエの奴隷か使用人によってコリントの情報がもたらされたのですから、おそらくクロエは商業や貿易を手広く営んでいた一家の女主人であったと思われます。そして彼女のもとで働いていた者が、商用か何かでコリントに行き、そしてコリント教会の様子をパウロに伝えてくれたのです。

クロエが、今パウロが滞在しているエペソに住んでいる人なのか、それともコリントに住んでいる人なのかも定かではありません。エペソから使者をコリントに遣わしていたのかもしれないし、逆に、コリントの使者がエペソにやって来たのかもしれません。

いずれにせよ、自分の家の者を他の都市まで遣わすのですから、ある程度裕福な商業階級の人物なのだと思います。そしておそらく彼らはキリスト者であり、それゆえ教会を訪ね、そこにある問題を知り、それをパウロに伝えたのです。

その問題とは「争いがある」ということでした。コリント教会には、軋轢《あつれき》、不和、ごたごたがある、ということでした。教会員相互の間に、単に内的感情的な対立があるというのではありません。その対立が表面に出ていた。表にあらわれていたのです。

そこでパウロは、まずこの問題を取り上げて勧告します。

「さて、兄弟たち、私たちの主イエス・キリストの名によって、あなたがたにお願いします」（一〇節）。

パウロはまず「兄弟たち」と呼びかけています。この呼びかけが、パウロの勧告の精神を表していると言ってよいでしょう。パウロは、主にある兄弟たちに勧告しているのです。

決して、敵対的に、攻撃的に語るのではありません。あくまで主にある兄弟姉妹に語る。そして兄弟姉妹としての信頼関係の中で、教え諭そうとしているのです。それがこの手紙全体を貫いている基調であると言ってよいでしょう。

そして、パウロは「私たちの主イエス・キリストの名によって、あなたがたにお願いします」と述べています。イエス・キリストの名によってお願いするのです。名前はその人そのものを指します。人格を指しますから、この勧告は、決してパウロの勧告ではなく、イエス・キリストの勧告であるということです。

ことばを換えて言うならば、パウロは、コリントの信徒たちをイエス・キリストの前に立たせようとしているのです。彼らはただイエス・キリストによって贖われ、罪を赦され、キリストとの交わりに入れられた者たちです。キリストに結びつき、キリストのいのちにあずかっている者たちです。パウロはそのキリストの前に、彼らを立たせます。そしてキリストにあって、自らを省みるように迫ります。教会には分裂があり、一致がなく、感情的な対立もあったでしょう。争いがありました。そういう自分たちの姿、あり方は、イエス・キリストの前に恥じることではないのか、と問うのです。

パウロは、彼らをイエス・キリストの前に立たせようとしました。キリストの光で自らを省みるように促しました。それがパウロの牧会であったと言ってもよいでしょう。ですから、決して人間的な教訓、勧告を与えようとするのではありません。パウロが叱責し、助言するのではありません。あくまで、イエス・キリストの前に立たせ、そしてキリストの御名によって勧告するのです。

一致への勧告

具体的な勧告のことばが一〇節後半にあります。

「どうか皆が語ることを一つにして、仲間割れせず、同じ心、同じ考えで一致してください。」

ここには三つの命令があります。第一は「皆が語ることを一つにして」です。これは直訳しますと、「皆、同じことを語りなさい」「一つのことを語りなさい」となります。皆が同じことを語る、それが一致の古典的な表現でした。つまり、声を一つにするところに教会の一致があるのであり、逆に、人の気を引こうとするような特異な主張は分裂を深めるのです。声を一つにするというのは、礼拝における信仰告白を指しているのかもしれません。

第二の命令は「仲間割れせず」です。仲間割れとは、分裂、分争、仲たがいを意味します。教会内部におけるそうした対立のことです。

九節でパウロは「その神に召されて、あなたがたは神の御子、私たちの主イエス・キリストとの交わりに入れられたのです」と述べました。キリスト者は、イエス・キリストとの交わりに招き入れられたのです。この交わりということばはコイノニアであり、これは「共に分かち合う」という意味でした。つまり、キリスト者は、キリストを共に分かち合う交わりに入れられたということ、つまり、イエス・キリストのいのちを分かち合う共同体に入れられたことを意味しています。

このコイノニアの思想と、共同体内部の分裂、分派は基本的に対立します。キリスト者というのは、単に個々人がばらばらに信仰をもっていることで十分なのではありません。教会というのは、そうしたばらばらの信仰者がただ集まっているところではありません。パウロが語るように、教会はキリストのいのちを共に分かち合う共同体なのであり、教会に集う者は、共にキリストとの交わりに招かれた者同士です。キリストに結びつき、キリストのいのちに生かされる者たちの共同体が教会です。同じキリストに生かされているのであり、主イエスが語られたように、私たちは一つぶどうの木につらなる枝々です。同じ幹に繋がり、同じいのちにあずかっているのですから、そこに一致があるのはきわめて自然なことです。逆に分裂、分派があることはきわめて不自然なことなのです。

第三の命令は「同じ心、同じ考えで一致してください」です。「心」とは感情や愛などの主として情緒面のこと、「考え」は、判断、知識など信仰の理解のことを指していると考えてよいでしょう。

「一致してください」と訳されていることばの本来の意味は、「修繕する、もとの状態に戻す」ということです。その意味からすれば、ここは「もとの一致した状態に回復しなさい」という意味かもしれません。

コリント教会は、パウロが開拓伝道した教会ですが、もともとは一致していました。その共同体は、心も考えも一致していました。そのあるべき姿から、いつのまにかかけ離れていきました。それゆえパウロは、最初の一致に立ち返るようにと命じているのです。

教会分裂の原因

では具体的にコリント教会にはどのような分裂があったのでしょうか。一二節から分かりますように、四つの名前を掲げる分派がありました。「私はパウロにつく」「私はアポロに」「私はケファに」「私はキリストに」などと言い合っていました。

もちろん、その名前をつけられた党首が、実際にグループを率いていたのではありません。パウロがパウロ派を率いていたのでも、アポロがアポロ派を率いていたのでもありません。勝手にパウロの主張を誤解曲解した者たちが、パウロを担いで「パウロ派」を作っていたにすぎません。

アポロは、アレクサンドリア出身のユダヤ人キリスト者でした。エペソにいたときに、プリスキラとアキラに出会い、彼らを通して福音を深く学びました。その後、コリントに赴き、パウロが去った後のコリントで宣教しました。

使徒の働き一八章に記されているように、アポロは旧約聖書に通じていた人物であり、しかも雄弁家でした。コリント人への手紙第二の一〇章一〇節以下から判断すれば、パウロは決して雄弁家ではなく、福音の提示も単純であったと思われます。しかしアポロは語ることにおいて優れており、彼の雄弁と哲学的な福音の提示は、ギリシア的教養人を引きつけたようです。もちろん、パウロとアポロは親しく交際していた同労者であり、両者の主張には何の対立もありません。しかし、アポロの雄弁を好んだ者たちが「アポロ派」を形成したようです。

第三の「ケファ派」ですが、ケファとは言うまでもなくペテロのことです。主イエスがペテロにつけた、いわばあだ名でした。ペテロがコリントに滞在した根拠はありません。しかし、当時ペテロが指導者であったパレスチナ地方やシリア地方の教会からやって来たユダヤ人キリスト者のグループが、この「ペテロ派」を作っていたものと思われます。つまり、ペテロが最初の使徒であることを盾にとってパウロの使徒職を攻撃し、自分たちユダヤ人キリスト者の特別な位置を主張していたのだと思われます。

第四が「キリスト派」です。このキリスト派についてはいろいろな説があるのですが、おおむね次の二つのいずれかであろうと考えられます。

一つは、単なる人間にすぎない教師を拒み、神の特別な霊的賜物によって、キリストから直接の教えを受けたことを自称するグループであったということです。キリストから特別な直接啓示を受けたことを盾に取り、この啓示の力を主張した神秘主義的グループです。

もう一つの説は、パレスチナで地上生涯を送られたキリストを知っていた者たちの集まりであるということです。そのキリストを知っていることを誇りとし、パウロの権威に反対したのです。

以上のような四つの分派が起こっていました。ではこのような分派が起こった根本的な原因は何だったのでしょうか。なぜ一つの教会の中に、このような分派が起こったのでしょうか。

アポロ派は、アポロの雄弁と哲学的説教を好み、その知的資質を誇りとしていました。ペテロ派は、ユダヤ人であることを誇りとしていました。キリスト派は、おそらくその神秘主義的資質を誇りとしていました。つまり、それぞれの生来の好み、性質の違い、民族の違いによって、分派が生まれていたのです。

教会に多種多様な人たちが集まるのはすばらしいことです。生来の好みが違う、性質が違う、また国や民族が違う人々が集まることはすばらしいことです。それがなぜすばらしいのかといえば、教会においては違いを超えて、キリストにあって一つになれるからであり、またそのキリストにある一致のゆえに、互いの違いを尊重し合い、生かし合うことが可能になるからです。

しかしこの一致が曖昧であればどうでしょうか。一致の面が弱ければどうなるでしょうか。違いの面が幅を利かせ、対立と分派が生まれることになります。コリント教会の状態がまさにそうでした。

パウロはガラテヤ人への手紙の中でこう述べました。

「ユダヤ人もギリシア人もなく、奴隷も自由人もなく、男と女もありません。あなたがたはみな、キリスト・イエスにあって一つだからです」（三・二八）。

また、エペソ人への手紙の中では「実に、キリストこそ私たちの平和です。キリストは私たち二つのものを一つにし、ご自分の肉において、隔ての壁である敵意を打ち壊し」（二・一四）とも述べています。

福音は、キリストにあって、人間的なあらゆる違いを超えて一つにするものです。隔ての壁を取り壊すものです。キリストにあって一つという土台があって初めて、違いが意味をもち、生かされるのです。しかし、この一致の土台がなかったならば、つまり福音によって取り除かれたはずのものがなお残っていたら、その場合は、福音以前の世的な関係や思考が温存され、教会に持ち込まれることになるのです。

コリント教会がまさにそうでした。知性を好むギリシア人、肉を誇るユダヤ人、霊の力を誇る神秘主義者、それぞれがそれを誇りとして対立していました。本当に大切なのは、違いではなく一致でした。キリストにある一致があって初めて違いは意味をもってきますが、コリントにおいては、違いが肉の誇りとなって、教会の一致を妨げていたのです。

一致の土台としてのキリスト

この現状に対してパウロは一三節で二つの問いかけをしています。パウロがここでしているのは、こうした争いが許されるべきでないことを、正しい教えによって明らかにすることです。まずパウロは言います。

「キリストが分割されたのですか。」

パウロはローマ人への手紙一二章でこう述べました。

「一つのからだには多くの器官があり、しかも、すべての器官が同じ働きをしてはいないように、大勢いる私たちも、キリストにあって一つのからだであり、一人ひとりは互いに器官なのです」(四〜五節)。

教会はキリストのからだであり、一つのからだを形づくっており、各部は有機的に結合しているということを教えているみことばです。それゆえ、分派はこのキリストのからだをばらばらにすることなのです。

私たちのからだの各部がばらばらな目的をもって動けば大変です。からだは統一していなければ生きていけません。同様に、教会も一つのかしらのもとに統一している必要があるのです。

キリストだけが教会のかしらであり、私たちはその部分です。そして皆がキリストのみをかしらとして、キリストのからだの一部として生きるならば、そこに一致と調和があるのは当然のことです。からだの各部がそれぞれに異なり、役割が違うように、私たちの違いが、対立の原因になるのではなく、教会の豊かさになる。それがキリストの教会の姿なのです。

一三節でパウロはもう一つのことを言っています。

「パウロがあなたがたのために十字架につけられたのですか。あなたがたはパウロの名によってバプテスマを受けたのですか。」

人の名前を掲げる分派に対するパウロの皮肉な表現です。言うまでもなく、十字架につけられたのはイエス・キリストのみであり、彼らが洗礼を受けたのはイエス・キリストの御名によりました。そのキリストの位置には、パウロであれ、だれであれ、決して立つことはできないのです。

分派を作って対立していた者たちは、結局、福音の中心を逃していました。知恵に重きを置く者たちは、それに重きを置くあまり、キリストの十字架の絶対的中心性を見過ごしていました。ユダヤ人であることに重きを置いた者も、神秘的体験に重きを置いた者も同様です。福音の中心を見失うことで、分派が起こり、対立が起こったのです。

分派の問題に限らず、教会で問題が起こるのはどこからかといえば、それは十字架につけられたキリストから離れるところからです。キリストの十字架は、単にキリストの死であるだけでなく、キリスト者にとっては「古い自分」の死でもあります。キリストと結びついた者にとって、十字架は自分の死でもあります。

ですから、十字架の中心性から離れれば、死ぬべき自分が前面に出てきます。死ぬべき「古き人」が前面に出てくるのです。信仰が「自分の信仰」になります。そして教会も「自分に適した教会」にしたくなる。

コリント教会において起こっていた対立は、信仰の名のもとでなされていた対立です。しかし信仰の名のもとで「古き人」や「肉の人」が台頭してくるのです。それが教会における対立になります。

このように、教会におけるすべての問題は、十字架のキリストから離れるところから始まります。キリストの十字架から目を離すところから生まれます。教会の一致の土台は、イエス・キリストの十字架しかありません。それ以外の点で、教会は本来一致できないのです。

そしてキリストの十字架が土台ですから、教会にとって一致は本質的なものです。どうでもよい二次的なことではありません。そして一致があるとき、教会は教会としての使命を果たしていくことができるのです。

私たちは、だれしも罪人であり、弱さをもつ者たちです。私たちの肉の性質は一致を好みません。教会に集まる者は本当に多様です。普通で考えれば、一致するのは難しいでしょう。

しかし、イエス・キリストは私たちの主です。私たちは同じイエス・キリストによって罪を赦され、そして一つの教会に招かれました。それゆえ私たちは、そこでキリストの教会として一致することが求められています。私たちが、共にイエス・キリストの十字架を見つめるとき、それが可能になります。

私たちの希望はイエス・キリストにしかありませんが、私たちが同じ希望をもつとき、私たちの共同体は一つになります。そしてそのような共同体を、主イエスは祝福して用いてくださいます。一人ひとりの祝福と共同体の祝福は切り離されません。私たちは、共に支え合って、歩むのです。そして、そのような群れを主は必ず祝福してくださるのです。

5　十字架のことば

〈Ⅰコリント一・一四〜一八〉

「私は神に感謝しています。私はクリスポとガイオのほか、あなたがたのだれにもバプテスマを授けませんでした。ですから、あなたがたが私の名によってバプテスマを受けたとは、だれも言えないのです。もっとも、ステファナの家の者たちにもバプテスマを授けましたが、そのほかにはだれにも授けた覚えはありません。キリストが私を遣わされたのは、バプテスマを授けるためではなく、福音を、ことばの知恵によらずに宣べ伝えるためでした。これはキリストの十字架が空しくならないようにするためです。

十字架のことばは、滅びる者たちには愚かであっても、救われる私たちには神の力です。」

神の摂理的支配

コリント教会には分裂、分派がありました。その中で、洗礼の意味を誤解する者たちがいたようです。つまり、だれから洗礼を受けたかということで、派閥意識をもつ者たちがいたのです。その意味でパウロは、コリントではごくわずかの人にしか洗礼を施さなかったことを神に感謝しています。コリントにおいて回心して受洗した者たちはたくさんいました。しかし、パウロ自身が洗礼を施した人は非常に少なかったのです。

一四節には「私は神に感謝しています。私はクリスポとガイオのほか、あなたがたのだれにもバプテスマを授けませんでした」とあります。クリスポは、コリントの会堂司であった人物ですが、使徒の働き一八章八節によると、パウロの宣教によって「家族全員とともに主を信じた」のでした。

ガイオは、パウロが第三次伝道旅行でコリントに滞在したとき、宿を提供し、自宅を教会として人々に開放した人です。ローマ人への手紙一六章二三節には「私と教会全体の家主であるガイオも、あなたがたによろしくと言っています」ということばがあり、ガイオが自宅を教会として開放していたことがわかります。

また一六節でパウロは、思い出したように、「もっとも、ステファナの家の者たちにもバプテスマを授けましたが」と付け加えています。このステファナの家の人たちについては、この手紙の一六章一五節に「ご存じのとおり、ステファナの一家はアカイアの初穂であり、聖徒たちのために熱心に奉仕してくれました」ということばで紹介されています。彼らはアカイア州の初穂、つまり、アカイア州で最初に福音を受け入れた家族でした。

さらに、一六章一七節には、ステファナたちがパウロのところに来てくれたのを喜んでいるということばがあります。おそらく、ステファナはコリント教会から派遣されて、エペソにいるパウロのもとに来たのでしょう。彼によってもコリント教会の状況がパウロに伝えられたのだと思われます。

パウロがコリントで洗礼を授けた人として挙げたのはこれがすべてでした。もっとも一六節の後半には「そのほかにはだれにも授けた覚えはありません」とありますから、パウロは自分の記憶に自信をもっていたわけではないようです。ただはっきりしているのは、パウロにとって、自分が洗礼を授けたか否かは、決して重大な問題ではなかったということです。自分が洗礼を授けた人を自分と結びつけて派閥を作ることなど、パウロにはおよそ思いもつかないことでした。

一五節でパウロは「ですから、あなたがたが私の名によってバプテスマを受けたとは、だれも言えないのです」と述べています。パウロは必ずしも意図的に、洗礼を授けることを避けていたわけではありません。しかしコリントにおいては、洗礼を施すことを同労者のテモテやシラスに委ねていたようです。このため、パウロは数えるほどの人にしか洗礼を授けなかったのですが、そのことが、分派が起こっているコリントの状況からすれば、本当に感謝なことであったと述べているのです。

もしパウロがたくさんの人に洗礼を施していたら、そのことによって分派が起こる危険性がありました。また、パウロ自身も、自分の弟子をたくさん作っているという批判を受ける危険もありました。パウロは意図して、自分が洗礼を施すことを避けていたわけではありませんが、結果として、それが分派を作ろうとする人の口実を防ぎ、またパウロ自身へのいわれなき批判を防ぐこととなりました。ですからパウロは、そこに神の不思議な摂理を見出して神に感謝しているのです。

　神は私たちの思いを超えてご自身の御業をなさいます。しかしそれは、私たちの思いを超えて、何か暴君的な支配をするということではありません。全能なる神は同時に、私たちの父なる神です。私たちは父なる神に愛されている子どもです。そして神はその愛する子どものために、すべてのことを摂理的支配によって最善に導いておられます。

　パウロが意図せずして行ったことを、後になって、そこに神の大いなる摂理的支配を見出して感謝したように、私たちも後で、神の大きなご支配の御手を見出して感謝に導かれることがあります。その時は分からないかもしれません。しかし、神は神の民のために必ず善きことをしてくださるのです。

　私たちの周りで起こることは、何一つ偶然ではありません。神のご支配の外にある事柄はありません。すべては神の摂理的支配の下にあります。そしてその全能の神が、私たちの神であり、私たちはその神に愛されているのです。

福音宣教とバプテスマ

一七節でパウロは自分が洗礼を施すことが少なかった理由として、次のように述べています。

「キリストが私を遣わされたのは、バプテスマを授けるためではなく、福音を、ことばの知恵によらずに宣べ伝えるためでした。」

パウロはここで、キリストにある自分の使命は、洗礼を授けることではなく、福音を宣べ伝えることだと言っています。パウロの使徒としての本来の務めは、福音を告げ知らせることでした。しかしこれは決して、パウロが洗礼を軽視していたということではありません。

マタイの福音書二八章で、復活の主イエスは使徒たちに命じて言われました。

「わたしには天においても地においても、すべての権威が与えられています。ですから、あなたがたは行って、あらゆる国の人々を弟子としなさい。父、子、聖霊の名において彼らにバプテスマを授け、わたしがあなたがたに命じておいた、すべてのことを守るように教えなさい」（一八〜二〇節）。

ここで主イエスは、洗礼を授けるように命じておられます。ですから、洗礼を授けることは使徒たちの本来の任務でした。パウロがそれを否定しているわけではありません。しかしこれは決して、洗礼は「自ら」が授けなければならないという意味ではありません。使徒たちにとって最も主要な任務は、自らが洗礼を授けるということではなく、何より福音を宣べ伝えるということでした。

言うまでもなく、福音宣教こそが洗礼に先立つものです。主イエスがマタイの福音書二八章で命じたのも、まず「あらゆる国の人々を弟子としなさい」ということでした。キリストの弟子を作る。それは何によるのかといえば、言うまでもなく福音の宣教によります。まず福音が宣べ伝えられ、人々に信仰が与えられて、キリストの弟子となる。そしてその人は洗礼を受けることによって、神の祝福を保証され、また公に教会に受け入れられるのです。

このように福音宣教が洗礼に先立ちます。そしてパウロは何よりも、この福音宣教こそが自分の務めだと自覚していました。イエス・キリストの福音を宣べ伝えること、とりわけ、イエス・キリストを知らない人に福音を伝え、彼らをキリストに導くことこそが神から与えられた自らの務めだと確信していたのです。

ですからパウロは決して洗礼を軽視していたのではありません。それは、ローマ人への手紙六章で洗礼の奥義を説き明かしていることからも明らかです。ローマ人への手紙六章三節で、洗礼がイエス・キリストと結ばれるためのものであることを明らかにしています。

洗礼によりキリストに結びつくことによって、イエス・キリストの死と復活が自らのものとなるのです。それほど洗礼は決定的な恵みの出来事です。

パウロはそれを知っていました。ですから洗礼を軽視するなど考えられないことです。しかし、自らが洗礼を施すことには固執しないのです。つまり、だれが洗礼を施すかということは、まさに二次的な問題なのです。

洗礼にとって大切なことは、キリストの御名によって、三位一体の神の御名によって洗礼が授けられることです。この洗礼によって、人はイエス・キリストに接ぎ木され、キリストによる罪の赦しと、聖めと、そして子とされる恵みにあずかり、さらに永遠に続くいのちの祝福を保証されます。洗礼はそれほどに重要なものです。しかしパウロは、人々を洗礼にまで導くこと、福音を宣べ伝えて、キリストへの信仰に導くことを自らの使命と心得ていました。ですからあえて「キリストが私を遣わされたのは、バプテスマを授けるためではなく、福音を、ことばの知恵によらずに宣べ伝えるため」だと語っているのです。

ことばの知恵によらない宣教

パウロは福音宣教について一七節後半で次のように述べています。

「福音を、ことばの知恵によらずに宣べ伝えるためでした。これはキリストの十字架が空しくならないようにするためです。」

ここで第一に気づくことは、告げ知らされるべき福音が「キリストの十字架」の宣教として規定されていることです。福音の内容、福音の中心が「キリストの十字架」であることが改めて明らかにされています。キリストの十字架が空しいものとなれば、福音は伝えられていないのです。とすれば、キリストの十字架こそが福音の中心であることは明らかです。それゆえ教会においては、十字架の福音こそがその中心になければなりません。教会においては、十字架の福音以上に重んじられることがあってはなりません。

第二に、福音の内容は宣教の仕方を規定するということです。パウロはここで、福音は「ことばの知恵によらずに宣べ伝え」られなければならないと述べています。十字架の福音という「福音の内容」が、その宣教の仕方を規定するのです。福音には福音にふさわしい提示の仕方があるのです。

もし福音が「ことばの知恵」によって告げられたなら、どうなるのでしょうか。パウロは、そのときには、キリストの十字架が空しいものになると言います。ここで「空しくなる」と訳されていることばは、「無になる」「無意味になる」という意味です。つまり、ことばの知恵は、キリストの十字架を無にしかねないのです。ことばの知恵に頼って福音が語られるなら、十字架が無になる。つまり、福音から救済の力が奪われることになりかねません。

では、「ことばの知恵」とは何なのでしょうか。コリントのあったギリシアは、哲学思想や雄弁術に高い価値が置かれていた地域でした。それゆえ「ことばの知恵」とは、当時のギリシア哲学などの哲学思想で福音を説明すること、それも言葉巧みな雄弁によって説明することと言ってよいでしょう。

しかしパウロは、こうした「ことばの知恵」と「福音の説教」を明確に区別していました。またことばの知恵によって宣べ伝えることは、自分の使命とは関係ないと言っています。なぜなら、ことばの知恵に頼るならば、結局人々をキリストのもとに導くことができないからです。十字架のもとに導くことができないからです。

その場合、人々がひきつけられるのは、それを語る説教者でしょう。説教者のもつ、この世の知恵と雄弁に人々はひかれていく。キリストではないものに人々を導くことは、決して福音の目指すことではありません。

またこの方法によれば、知的理解が信仰そのものと誤解される危険もあります。「知識の偶像化」が起こります。神に近づくための、そして真のいのちを得るための助けを「知識」の中に追求するということが起こります。信仰にとって知識は大事ですが、知識そのものが信仰ではありません。悪しき知識主義が起こる危険があります。そして何より問題なのは、「ことばの知恵」に頼って、福音を変質させてしまうことです。当時の知識人が受け入れていたギリシア哲学を前提として福音を語るとすれば、福音を歪曲してしか語ることができません。福音を歪めることになります。

同じことは近現代のキリスト教についても言えます。近代の哲学というのは理性を重視するものです。つまり理性によって真理と判断できるものだけを受け入れようとする姿勢です。その視点で、聖書の内容も切り刻まれることになりました。理性的でないものは、捨てられていきました。万人の理性を納得させ得ないものは、捨て去られていきました。そして神学が、人間理性による哲学に呑み込まれるということが起こります。そしてまさに、キリストの十字架は無になったのです。

福音は、この世の知恵のことばに土台を置くのではありません。この世の知恵に、この世の哲学に土台を置けば、十字架は無力になります。ですからパウロは「ことばの知恵によらずに宣べ伝える」と語るのです。

十字架のことばは神の力

パウロはこのことを一つの命題として提示します。それが一八節です。

「十字架のことばは、滅びる者たちには愚かであっても、救われる私たちには神の力です。」

このことばこそがこの手紙全体の表題だと言う者もいます。それほど重要なみことばだと言ってよいでしょう。

パウロは福音を「十字架のことば」と言い換えています。十字架こそが福音の中心です。イエス・キリストの十字架による救いのメッセージが福音なのです。

そしてこの「十字架のことば」は、人間を二つに切り分けます。つまり、滅びる者と救われる者です。すべての人はこのいずれかに当てはまらざるを得ません。ほかにはありません。ことばを換えていえば、十字架のことばは、人間に決断を迫るものだということです。それを愚かと見るものは滅び、神の力と知る者は救われるのです。

「十字架のことばは、滅びる者たちには愚か」なものです。人間の知恵で、十字架の福音を判断すれば、それは愚か以外の何ものでもありません。自分の罪が、二千年前にパレスチナの地で十字架にかけられた一人の男によって救われると信じることが、この世の知恵、人間の理性から判断すれば、愚かと思われるのは当然です。ですから、福音は知恵のことばに土台を置くものではないのです。十字架のことばは、滅びに至る人々を決して喜ばせません。人間の知恵からするならば、十字架の福音は、愚か以外の何ものでもないのです。

しかし、私たちはそれを信じています。本気で、いのちがけで信じています。それはまさに、神の御霊の業以外の何ものでもありません。御霊によらなければ、だれもイエスは主であると告白することはできません。

そして、私たち救われる者にとって、十字架のことばは「神の力」です。十字架のことばは単なる神についての知識、情報ではありません。助言、アドバイスではありません。私たちにとって「十字架のことば」は「神の力」なのです。

それゆえ十字架の福音は、単なる知的理解の対象ではありません。それはまさに、力あるものであり、恵みの業を実現するものです。失われていた私たちにいのちを与え、滅びに向かっていた私たちを救い出し、罪と死からの解放を与えてくれたものです。

イエス・キリストの十字架に、それらを実現する力があります。それゆえ私たちは、十字架のうちにこそ、自分たちには絶対に不可能なことを可能にする「神の力」を見るのです。この神の力こそが、私たちのすべての罪を赦し、罪過を覆い、神との和解を実現してくれたのです。

私たち自身の罪と悲惨は、決して単なる理論、理屈ではありません。それはまさにリアルな現実です。私たちは、そのリアルな現実に直面しつつ、日々を生きています。それゆえ、そのような私たちに必要なのは、単なる知的理解や情報ではありません。リアルな現実に対しては、リアルな救いが必要です。

パウロはその救いを与えるのが「十字架のことば」だと言います。罪と悲惨からの赦しと解放は、決して理屈や理論で与えられるものではありません。「神の力」によって与えられる。そしてそれは、十字架の福音によって現実となります。

私たちの希望は、イエス・キリストの十字架にあります。十字架は、現実の神の救いの御業です。それゆえ、この十字架のことばを信じる者こそが、神の救いの「現実」にあずかることができるのです。

6　神の知恵であるキリスト

〈Ⅰコリント一・一八～二三前半〉

「十字架のことばは、滅びる者たちには愚かであっても、救われる私たちには神の力です。

『わたしは知恵ある者の知恵を滅ぼし、
悟りある者の悟りを消し去る』

と書いてあるからです。知恵ある者はどこにいるのですか。学者はどこにいるのですか。この世の論客はどこにいるのですか。神は、この世の知恵を愚かなものにされたではありませんか。神の知恵により、この世は自分の知恵によって神を知ることがありませんでした。それゆえ神は、宣教のことばの愚かさを通して、信じる者を救うことにされたのです。ユダヤ人はしるしを要求し、ギリシア人は知恵を追求します。しかし、私たちは十字架につけられたキリストを宣べ伝えます。」

この世の知恵の空しさ

十字架のことばは神の力である。パウロはこの確信に立って、福音を宣べ伝えました。一九節から二五節は、この一八節の主題の展開と言えますが、その中でパウロは十字架に表されている「神の知恵」と「この世の知恵」を対比しています。そして神の知恵の深さを明らかにしていきます。

一八節で明らかなように、「神の知恵」と「この世の知恵」は一致するわけではありません。神のなさる方法と、人間の知恵が目指す方法は、一致するわけではないのです。パウロは、それは旧約時代も同じであったことを示すために、一九節で旧約聖書のみことばを引用しています。

「『わたしは知恵ある者の知恵を滅ぼし、悟りある者の悟りを消し去る』と書いてあるからです。」

これはイザヤ書二九章一四節です。神は知恵ある者の知恵を滅ぼし、悟りある者の悟りを消し去る。つまり、神はこの世の知恵を滅ぼし、空しいものとされるのです。そして、この世の知恵に取って代わる神の知恵が現される。それが神のご計画であり、御業です。ですから、一八節で神の知恵とこの世の知恵を対立的に語ることは、決してパウロが言い始めた新しい教えではありません。旧約の時代から、神の知恵とこの世の知恵は対立していたのです。神のなさる方法と、人間の知恵の目指す方法は一致しませんでした。主はしばしば人間のはかりごとを破り、もろもろの民の計画をくじかれました（詩篇三三・一〇）。箴言にあるように、人は自分の道がまっすぐである、正しい道であると思っても、その道が死に至る道であることがあります（箴言一四・一二）。人間の知恵、人間の賢さが、神を説得し、神の前に立ちはだかることはできません。神は「知恵ある者の知恵を滅ぼし、悟りある者の悟りを消し去る」お方です。そしてご自身の御業をなさるお方です。

それゆえパウロは二〇節で続けてこう言っています。

「知恵ある者はどこにいるのですか。学者はどこにいるのですか。この世の論客はどこにいるのですか。神は、この世の知恵を愚かなものにされたではありませんか。」

おそらくパウロは、「知恵ある者」ということばでギリシアの哲学者を、「学者」ということばでユダヤ人の指導者・律法学者を、そして「この世の論客」ということばでヘレニズム世界の教育者のことを考えているのでしょう。まさにこの世の知恵に満ち、その知恵を誇りとしていた者たちです。

しかしパウロは、そうした知恵の空しさを歌っています。彼がここで言おうとしているのは、どんな人間の知恵も、神の前では役に立たないということです。神を納得させることはできない。神を動かすことはできない。神の前に立ち続けることができるようなものではない。この世の知恵はしょせん移り行くものです。この世とともに去り行くものです。一時的なものにほかなりません。それゆえ、その一時的なものに拠り頼むことは、空しいことなのです。

この世の知恵で神を知ることはできない

こうしてパウロは、世の知恵が神の御前には空しいものであると語りましたが、二一節でもう少し具体的にそれを述べています。二一節前半にはこうあります。

「神の知恵により、この世は自分の知恵によって神を知ることがありませんでした。」

この部分は、翻訳の上で意見の対立がある部分ですが、その意味は、世は神の知恵に囲まれているにもかかわらず、自分の知恵で神を知ることができなかった、ということです。世が神の知恵に囲まれている、それはこの世界が神によって創造されたからです。そしてその神によって、今も支配されているからです。

パウロはローマ人への手紙一章二〇節で、「神の、目に見えない性質、すなわち神の永遠の力と神性は、世界が創造されたときから被造物を通して知られ、はっきりと認められるので、彼らに弁解の余地はありません」と述べました。神ご自身が、被造物を通してご自身を明らかにしておられます。神の性質と力と神性は被造物に現れている。人間は本来、神が造られた世界を見、神が支配しておられる世界を見ることを通して、神を知ることができる存在です。

しかしパウロはここで「この世は自分の知恵によって神を知ることがありませんでした」と述べています。本来人間は、神が造られた世界を見ることを通して、神を知ることができる存在でした。しかしそれができなくなった、とパウロは言っているのです。なぜなのか。それは人間の堕落のゆえです。人間に罪が入り込んだからです。創造されたときの人間は、神を知り、神との親しい交わりの中に生きていました。しかし堕落によって、神を見失いました。交わりが絶たれました。堕落した人間は、その人間の知恵をどんなに働かせても、神を知ることはできないのです。

宗教改革者のカルヴァンは、注解の中でこう語っています。

「本当に、この世は劇場のようなものであって、主はこの所で御栄光をかくもはっきりと上演してわたしたちに見せて下さっている。それにもかかわらずわたしたちは、目の前にこれほどはっきりと展開されているこの演劇を見ておりながら、依然見えないままにとどまっているのである。神の啓示があいまいだったからではない。わたしたちが、『心の中で神にそむいている』（コロサイ一・二一）からである」（『カルヴァン新約聖書註解Ⅷ コリント前書』四七頁、一部変更）。

真の神をいかにして知ることができるかは、人間にとって最大のテーマと言ってよいでしょう。これに対して聖書ははっきりと、「世は自分の知恵で神を知ることができない」と語ります。生まれながらの人間が自分の知恵と努力によって、真の神を知ることができるのかといえば、できないのです。この世の知恵の延長線上に、神との出会いがあるわけではないのです。

自分の知恵で神を知ろうとすることは、神を人間の知識の対象とすることです。自分が主体です。自分が主人です。そして主体である自分を問わずに、神を対象とする。しかし、こうした自分を主人とし、自分を問わないような仕方で神を知ることは決してできません。

宣教のことばの愚かさ

パウロは、人間は自分の知恵で神を知ることができないと語りました。では、どうしたら、真の神を知ることができるのでしょうか。それについて彼は、二一節の後半でこう述べています。

「それゆえ神は、宣教のことばの愚かさを通して、信じる者を救うことにされたのです。」

短いことばですが、ここにはきわめて大切なことがいくつか教えられています。

第一に、神を知ることは、神が定められた方法によらなければならないということです。

堕落によって、人間は自分の力で神を知ることができなくなりました。罪が招いた最大の結果は、神を知ることができなくなったということです。そこで、神ご自身が、人間が神を知る新たな手段を採られたのです。ここで「それゆえ神は……ことにされたのです」とあるとおりです。人間は、自分が追求することによって、真の神を発見できるのではありません。神がお定めになった方法によらなければ、だれも神を知ることはできないのです。

第二に、その方法が「宣教のことばの愚かさ」だということです。神を知る方法は、宣教の愚かさによります。この「愚か」というのは、この世の知恵から見れば、愚かに思えるという意味での「愚か」です。

宣教の中心は、言うまでもなくイエス・キリストの十字架です。私たちは、あの二千年前にパレスチナに生き、そして十字架につけられて殺されたお方を、救い主と信じています。そしてあのキリストの十字架を通して、自分の罪が赦されたと信じています。そして、イエス・キリストは三日目に復活され、その死に対する勝利が、自分の死に対する勝利だと信じています。それが宣教の内容です。

この「宣教のことば」が、世の知恵から見て「愚かだ」と思えるのは確かでしょう。この世の知恵は、福音を知恵の最高傑作だとみなすことはありません。むしろ、ばかげたことだとみなします。しかしそれが神の方法なのです。

それゆえ人間は、自らの知恵を誇りとしたままで、神を知ることはできません。自分を主体とし、自分を主人として誇ったままで、神と出会うことはできないのです。神はまさに「宣教のことばの愚かさ」を通して、神を知る方法をお定めになったのです。

第三に、福音は人間の知恵には愚かに思えるがゆえに、究極的に人に求められるのは「信じること」、信仰であるということです。

ここでパウロは「神は、宣教のことばの愚かさを通して、信じる者を救うことにされた」と述べました。信じる者が救われます。神を知るためには、信仰の決断が必要なのです。神が開いてくださった新しい手段において、人間に求められるのは信仰です。信仰によってのみとらえられることがあるのです。この世の知恵からすれば愚かと思える十字架の福音ですが、それを信じる者のみが救われます。そして信じない者、自分の知恵に頼る者は、救われないのです。

第四に、神を知ることと救われることは一つのことである、ということです。二一節の前半で「知る」と言われていたことが、後半では「救い」と言い換えられているのが分かります。

人間は本来、神を知り、神との交わりに生きる者でした。しかし堕落によってその関係が断たれましたが、キリストによって回復されるのです。それゆえ、神を知るというのは、単に知識として知るということではありません。人格的に知るということです。交わりに生きるということです。

イエス・キリストの福音は、その交わりを回復させるものです。神と人との本来あるべき関係が回復される。その神との交わりの回復が救いの内実であると言ってもよいでしょう。ですから、神を知ることと救いは一つのことです。イエス・キリストの福音を信じる者は、神との交わりが回復され、その交わりに生きる者となります。救いは、将来の御国だけにあるのではありません。この地上において、それは始まるのです。

神との交わりの回復は、キリスト者の生活の根本にあるものです。そして、その交わりが完成するのが、将来の新天新地での祝福なのです。

しるしと知恵を求める信仰

このように、神の方法は「宣教のことばの愚かさ」でした。では、この世の人たちは何を求めるのでしょうか。二二節でパウロは代表的な人として、ユダヤ人とギリシア人を挙げてこう述べています。

「ユダヤ人はしるしを要求し、ギリシア人は知恵を追求します。」

ユダヤ人は、信仰の拠りどころとして「しるし」を求めました。その教えが本当であることを証明する奇跡的現象を求めたのです。彼らは主イエスに対して、しばしば「しるし」を要求しました。しるしを見せてください、そうすれば信じます、と言いました。主イエスは彼らに「あなたがたは、しるしと不思議を見ないかぎり、決して信じません」と言われました（ヨハネ四・四八）。また彼らは、十字架にかけられた主イエスに対してさえ「今、十字架から降りてもらおう。それを見たら信じよう」と言いました（マルコ一五・三二）。

信仰の拠りどころとしてしるしを求める。それが彼らの姿勢でした。その彼らからすれば、主イエスの十字架は、つまずき以外の何ものでもありませんでした。救い主メシアは、力と主権を顕示する方でなければならないからです。主イエスは、彼らが抱いていた救い主の姿とあまりに懸《か》け離れていました。ですから彼らは、主イエスを受け入れなかったのです。彼らが求めていた「しるし」が与えられなかったからです。

「しるし」を求める信仰とは、自分を審判者の立場に置いている信仰です。しるしを示せたら信じてやろうという姿勢です。信じる対象よりも、自分のほうを高くしていると言ってもよいでしょう。自分を問わず、自分の確かさを前提にして、物事をさばく姿勢です。

神との関係で言うならば、そこには不信感が前提としてあります。不信感があるから、しるしを求めるのです。しかし、そのように「神に対する不信感と、自分に対する信頼」を前提としている限り、しるしは与えられません。また、仮にしるしが与えられても何も変わらないのです。

ユダヤ人たちは、主イエスの多くのしるしを見ました。しかし、彼らの多くは、だからといって主イエスを信じたわけではありません。かえって主イエスを憎み、殺そうとした人たちもいました。結局、自分のあり方を根本的に問うことがないならば、何を見ても、何を体験しても、何も変わらないのです。

しるしを求めるというのは、自分のあり方を肯定している表れと言ってもよいでしょう。しかし、それで真理に近づくことはありません。

もう一つのあり方はギリシア人の姿です。彼らは知恵を探求しました。当時のギリシア人が、哲学的思弁や知的明晰さを好んだことはよく知られています。彼らは理性を尊重し、理性を満足させる合理的根拠を常に求めました。そして、これを満たさないもの、合理的根拠を見出せないものは受け入れませんでした。

その視点から見れば、十字架につけられた人物が救い主であり、自分たちの罪の身代わりであるという福音の内容は、まさにばかばかしいことでした。実際にパウロがアテネで福音を語り、死者の復活を語ったとき、人々はあざ笑いました。ここでもギリシア人たちは自分を問いません。自分が主人であり、審判者である。それを疑わないのです。そして上から福音を評価し、判断しています。この姿勢である限り、神の真理を見出すことはないのです。

ユダヤ人とギリシア人の姿は、生来の人間の傾向を示していると言ってよいでしょう。この二者は、すべての人間の考え方を代表しています。そしてパウロが二三節の後半で記しているように、十字架のことばは、ユダヤ人にとってはつまずきであり、異邦人にとっては愚かなことなのです。人間の知恵からすれば、十字架のことばはつまずきと愚かさでしかない。しかし、それが神の方法です。

ユダヤ人にしろ、ギリシア人にしろ、彼らは自分のあり方を肯定し、それを前提にして神のことを考えていました。しるしを求めるユダヤ人の姿勢、哲学的合理的根拠を求めるギリシア人の姿勢です。自分たちの生き方、考え方は問わない。そのうえで、神を自らの力で評価しようとしています。

この姿勢からすれば、当然、神は自分が服従する対象ではありません。むしろ、自分に服従させる対象です。自分が自分の主人のままで、神をしもべにしようとしている。そういう姿勢のままで、真の神と出会うことは決してできないのです。

神の知恵がここにあります。人間は、神の前に自分を否定することなしに、真の神と出会うことはできません。自分が主人のままで、神を本当に知ることはできません。自分の罪を認めて悔い改めることなしに、神と出会うことはできないのです。

十字架のことばを宣べ伝える

パウロは、十字架のことばにこそ神の知恵があることを知っていました。ですから、

「ユダヤ人はしるしを要求し、ギリシア人は知恵を追求します。しかし、私たちは十字架につけられたキリストを宣べ伝えます」と言うのです。

パウロはただ、十字架につけられたキリストを宣べ伝えました。それがユダヤ人やギリシア人の要求を満たさないのは確かです。むしろ、彼らから、またこの世の人たちからどんな反応があるかをパウロはよく知っていました。愚かとあざけられ、ばかにされるのを覚悟していました。

私たちも福音を宣べ伝えるとき、その覚悟が必要です。愚かとあざけられるのを当然だと思っておかなければなりません。福音は生来の人間の要求に合致するようには作られていないのです。罪人の願いに合致するように作られているのではありません。

しかし、これが神の方法なのです。私たちがどんなに愚かと言われ、あざけられたとしても、主イエスが受けてくださった苦難とは比較になりません。主イエスほど、ばかにされ、あざけられ、愚かと言われた者はいません。しかし主イエスはそれらを忍んで、あの十字架上で贖いの業を成し遂げてくださいました。そして私たちは、この主イエスの贖いによって罪を赦され、真のいのちを与えられ、神との永遠に繋がる交わりに生きる者とされました。その幸いの中で、福音を伝えるように命じられているのです。

それゆえ私たちも「十字架のキリスト」を宣べ伝える必要があります。この世の人が求めるしるしや知恵によって相手の願いを満たそうとするのではなく、十字架の福音です。

十字架の福音にこそ力があります。

「十字架のことばは、滅びる者たちには愚かであっても、救われる私たちには神の力です。」

私たちは、この神の力に満たされて、十字架のことばを宣べ伝えていくのです。

7　誇る者は主を誇れ

〈Ⅰコリント一・二三〜三一〉

「しかし、私たちは十字架につけられたキリストを宣べ伝えます。ユダヤ人にとってはつまずき、異邦人にとっては愚かなことですが、ユダヤ人であってもギリシア人であっても、召された者たちにとっては、神の力、神の知恵であるキリストです。神の愚かさは人よりも賢く、神の弱さは人よりも強いからです。

兄弟たち、自分たちの召しのことを考えてみなさい。人間的に見れば知者は多くはなく、力ある者も多くはなく、身分の高い者も多くはありません。しかし神は、知恵ある者を恥じ入らせるために、この世の愚かな者を選び、強い者を恥じ入らせるために、この世の弱い者を選ばれました。有るものを無いものとするために、この世の取るに足りない者や見下されている者、すなわち無に等しい者を神は選ばれたのです。肉なる者がだれも神の御前で誇ることがないようにするためです。しかし、あなたがたは神によってキリスト・イエスのうちにあります。キリストは、私たちにとって神からの知恵、すなわち、義と聖と贖いになられました。『誇る者は主を誇れ』と書いてあるとおりになるためです。」

神の召しによる救い

この世の知恵は十字架のことばを愚かと感じます。では、そのようなこの世に生きる人間が、どのようにして福音を受け入れることができるのでしょうか。自分を中心とし、自分を最終的な判断者とする生来の罪人が、どのようにしてキリストを信じることができるのでしょうか。パウロは、それはただ「神の召しによる」と言います。二三節から二四節にこうあります。

「しかし、私たちは十字架につけられたキリストを宣べ伝えます。ユダヤ人にとってはつまずき、異邦人にとっては愚かなことですが、ユダヤ人であってもギリシア人であっても、召された者たちにとっては、神の力、神の知恵であるキリストです。」

この世の知恵からすれば、十字架の福音はつまずきで愚かでしかない。しかし召された者には、それが神の力、神の知恵であることが分かり、信じる者とされるのです。重要なのは、神の召し、神の召命です。

人がイエス・キリストの福音を信じる者とされるのは、ただ神の働きによります。人は自分の力で、自分の知恵で福音を信じるのではありません。福音は生来の人間の要求を満足させるものではないのです。世の知恵からいえば、福音は愚かに見えます。私たちが信じていること、つまり、イエス・キリストの十字架の死が、自分の罪の身代わりの死であると信じることは、この世の知恵からすれば笑止千万でしかありません。しかし、私たちはそれを本気で信じ、それに生きている。それは、神の働き、御霊の働きによる以外にはないことです。

この世の知恵からすれば愚かに見える「十字架の福音」によって、神は人々を救おうとされました。これによって、救いは人の力によらず、神の恵みによるものであることが明らかにされるのです。それが神の方法です。ここに、神の知恵が証しされているのです。

パウロは二五節で、以上の議論を格言的に表現しています。

「神の愚かさは人よりも賢く、神の弱さは人よりも強いからです。」

神の愚かさとは、この世が愚かと考える神の業のことです。そして神の弱さとは、この世からすれば弱々しく思える神の業のことです。それがいずれも、イエス・キリストの十字架を指し示していることは明らかです。

神の愚かさ、神の弱さという表現は、神のご性質からいえば全くの不条理です。しかし、神はその方法を取られました。なぜならば、そうでなければ人間は自らの力を頼りとして神を知ろうとするからです。自分の知恵や力を頼りとして神を知ろうとするのです。

しかし、十字架の福音はそれを許しません。十字架の福音は自らをへりくだらせ、まず自らを問います。自らの罪深さを知ることなしに、自らを嘆くことなしに、神を知ることはできないのです。

それゆえ、まさにキリストの十字架にこそ、真の知恵と力があります。十字架の愚かさこそ、人間を救う神の知恵、神の力です。このようにパウロは一貫してイエス・キリストの十字架を見つめて語っているのです。

愚かな者・弱い者を選ばれる神

二六節以下では、この二五節で示された神の知恵が、コリント教会において明示されていることを明らかにしています。パウロは言います。

「兄弟たち、自分たちの召しのことを考えてみなさい。」

「あなたがたの受けた召しに心を留めなさい」という命令です。私たち一人ひとりにも、神に召された経験があります。そのときはたして私たちは、自分の力によって、神の召しにあずかったのでしょうか。または、自分が望んだがゆえに、神の召しにあずかったのでしょうか。あるいは、自分が召されるのに何か条件があったでしょうか。

そうしたことを思い出してみれば分かることですが、神の召しは、すなわち神の救いは、ただ神の御業であり、神の主権的な招きなのです。私たちの側の何かが、神を動かしたのではありません。無条件、無資格の招きです。自分の召しを考えていただければ、だれでもそうであるはずです。もしそうでないなら、それは何かがおかしいと言わなければなりません。

パウロはそのことを思い起こすように言います。そしてそれゆえにコリント教会には、この世的に特別な人たちが集められているのではないことを指摘します。二六節にはこうあります。

「人間的に見れば知者は多くはなく、力ある者も多くはなく、身分の高い者も多くはありません。」

知識のある者、権力のある者、社会的に身分の高い者が多いわけではない。当時のギリシアで人が高められる要素は、知識があること、権力があること、そして生まれが良いことでした。学問、権力、生まれが人を高めていました。しかし、そうしたこの世で人を高めるものが、人を神に導くのではありません。そうしたものが人を救いに導くのではないのです。この世で評価される事柄によって、神の愛顧を獲得できるのではない。神の召しは、あくまで主権的なものなのです。

そしてパウロは、教会に集められた召された者たちはどういう者たちであるかを、二七節、二八節で数え上げています。それによると、神が召されたのは「この世の愚かな者」「この世の弱い者」「この世の取るに足りない者」、そして「見下されている者、すなわち無に等しい者」です。神はそういう者たちを選ばれました。

しかし、知恵ある者や能力のある者、家柄が良い者が教会にいなかったわけではありません。パウロは、そうした者たちが「多くはありません」と言っています。ですから、いなかったわけではない。しかし全体とすれば、外の社会の姿とあまり変わらないように、あらゆる社会階層の人たちがそこには含まれていたのです。

ですから私たちが誤解してはならないのは、彼らが神に選ばれたのは、彼らが愚かで、弱く、身分が低かったからではないということです。無学であったから、見下されている者であったから選ばれたわけではないのです。また逆に、知者や権力者や有力者が、それゆえに選ばれなかったということでもありません。大切なことは、人間の側のそういう条件に、神の選びは左右されないということです。人間の側の状況が、神の選びを左右することはありません。

しかしパウロがここであえて、神が選ばれたのは、愚かな者、弱い者、取るに足りない者だと言っているのには理由があります。それは、多くの人が知恵や権力や地位を誇りとしており、それを頼りとしていたからです。そして、知恵や権力や地位を誇りとする考えが、教会にも影響を及ぼしていました。世の基準が教会に及んでいました。

そこでパウロははっきりと、この世が誇っている知恵や権力や身分といったものが、救いを得るためには何の力もないこと、無力で無価値であることを示す必要がありました。

そして、そうしたものを誇っている者たちを、恥に落とす必要があったのです。

知恵があること、権力があること、また地位があること、そのこと自体が問題であるとか、悪しきことであるなどと聖書は決して語りません。この世的な意味で知識があり、権力があり、地位がある人でももちろん救われます。しかし、もしそれらを自分の誇りとして、自分の頼みとしているならば、救われることはありません。自分の罪を知り、その罪からの救いについての自分の無力を認めることがなければ、人が救われることはないのです。知恵や権力や地位がある者は、それらを頼りとする危険が強いのです。人々は、知恵や権力や地位に憧れます。それはいつの時代も変わることはないでしょう。そして、それを手に入れた者は、世の勝利者とされ、人々から崇められます。そうして人は自らを見失っていくのです。

それゆえパウロはあえて「神は、知恵ある者を恥じ入らせるために、この世の愚かな者を選び、強い者を恥じ入らせるために、この世の弱い者を選ばれました」と言うのです。世の知恵や力を誇る者が、その愚かさに気づかなければならない。そうでなければ、神の救いの恵みを知ることはないからです。

このように読んできますと、コリント教会の根本にある問題が見えてきます。それは、「誇り」の問題です。自らを誇るという問題です。

神の召し、神の選びは、人間の側の状況に左右されないとパウロは語りました。それゆえに二九節にあるように、人はだれひとり神の前で誇ることができないのです。この点にコリント教会の根本的な問題がありました。つまり、神の御前に、自分のもっている何かを誇ろうとする姿勢です。自分の得ている何かが、神の御前で価値があり、神を動かすことができるとする姿勢です。自分の得ている何かを誇るということは、自分を他者よりも高くすることに結びつきます。人を見下し、さばくことに結びつきます。神の御前に自らを誇る者は、人に対して自らを高める者でもあります。こうした「誇り」の問題が、コリント教会の根本にある問題でした。そしておそらく、いつの時代の教会も直面し続ける問題でありましょう。

誇る者は主を誇れ

こうしてパウロは「自らを誇る」という問題を取り上げ、結論として三一節で「誇る者は主を誇れ」と記しました。自らを誇るのではなくて、主を誇る。それがキリスト者の生き方だとパウロは結論的に言うのです。ではなぜ、主を誇るべきなのでしょうか。

パウロは三〇節で、なぜ私たちが主を誇るべきであるのかを明らかにしています。

「しかし、あなたがたは神によってキリスト・イエスのうちにあります。キリストは、私たちにとって神からの知恵、すなわち、義と聖と贖いになられました。」

三〇節の前半は、次のように訳すことができます。

「あなたがたがキリスト・イエスにあるのは、神のおかげである。」

キリスト者というのは、一言でいえば、「キリスト・イエスにあるものとされた者」、すなわち、「イエス・キリストと結びつけられた者」ということです。私たちはだれしも、罪の中に生まれ、神に逆らい、滅びに向かって歩んでいる者たちでした。その私たちが、真の命を与えられ、そのいのちに生かされる者となりました。それはただ、イエス・キリストと結びついたからです。イエス・キリストに結合されて、キリストのいのちに生かされる者とされたからです。

では、なぜイエス・キリストに結びつけられて、そのような幸いにあずかることができたのでしょうか。それをパウロは「神のおかげである」と言うのです。人間が努力したからとは言いません。私たちが人一倍善良であったからとか、勤勉であったからとか、賢いからとかそういうことではない。私たちの側の何かに原因があるのではなく、ただ神の御業による。ですから、まさに「神のおかげ」なのです。

さらにパウロは、そのキリストが私たちにとってどのようなお方なのかについて、三〇節後半でこう述べています。

「キリストは、私たちにとって神からの知恵、すなわち、義と聖と贖いになられました。」

キリストは私たちにとって「神からの知恵」です。私たちは、キリストを通して神の知恵を知りました。神はキリストによってご自身を啓示し、救いの計画を明らかにされました。そしてそれを実行されました。まさに神の知恵は、キリストによって世に現れ、キリストがご自身をささげることによって、人が救われる道が開かれたのです。これが本当の神の知恵でした。

そしてキリストは、私たちの「義」です。私たちは生まれながらの罪人であり、神の怒りの下にあります。私たちはだれ一人、自らの力で義を獲得することはできません。しかし、キリストが私たちの身代わりとして義を獲得されました。その義が私たちに転嫁されて、私たちの義となったのです。キリストの義のゆえに、私たちはもはやさばかれることはありません。

そしてキリストは私たちの「聖」です。聖とは、神の御前に罪や汚れがないことです。私たちは、自らの力で自らを聖めることはできません。しかし、私たちはキリストに結ばれたとき、内なるキリストによって罪の支配から解放されました。また聖めにあずかる者とされました。一歩一歩キリストに似た者とされていくのです。

さらに、キリストは私たちの「贖い」です。キリストは私たちの代わりに、ご自身のからだをもって罪の代価を支払ってくださいました。それによって、私たちは罪と呪いから解放されました。そして終末において救いは完成に至ります。それはすべて、キリストの十字架の死が私たちの贖いであることによります。

パウロは、すべての祝福がキリストから来ることを明らかにしました。そのキリストに結びついていること、それがすべての祝福の源です。キリストにあって、私たちはまさにあふれる祝福、無限の祝福が与えられ、約束されています。「キリストにある」「キリストに結びつく」というのは、それほどに大きなこと、偉大なことなのです。

そしてそれがすべて「神のおかげ」なのです。神の主権的な選びと召しによる。神の主権的な恵みの業です。キリストに結びつくことは、決してこの世の知恵や力や地位によるのではありません。ですから、だれも人は自らを誇ることはできないのです。むしろ、主をのみ誇るべきなのです。

それゆえ、キリストを信じることは、自らの誇りを葬ることでもあります。キリストを信じる者はもはや、自分を見て、自分の誇りを探す必要はありません。むしろ、まなざしを主に向け、キリストにある神の行為を仰ぎ、そこにある本当の希望に目を留めるのです。

私たちは生来的に、自分のもっているもの、得ているものに頼る性質をもっています。自分のもっている知恵や力や財や地位に頼る性質をもっています。しかし神は、人間のもっているものでご自身のみこころを動かされる方ではありません。

教会についても同様です。私たちはすぐに、もっと若い人が多くいたら教会の将来は開かれるとか、有力者がいたら、お金持ちがいたら伝道が進み、教会が進展するなどと考えやすいのです。しかし、そうではありません。

神は無力な者を選び、救いに入れてくださいました。この世的に、価値あるもの、力あるものを、神は評価し用いられるのではありません。むしろ、弱い者、小さな者、無力な者を用いられるのです。

それゆえ私たちにとって何より大切なのは、小さな者を用いてくださる主権的な神に頼ることです。信頼することです。主を信頼する小さな者の群れをこそ、主は祝福してくださいます。そしてご自身の御業のために、大きく用いてくださるのです。

8　パウロの宣教

〈Iコリント二・一〜五〉

「兄弟たち。私があなたがたのところに行ったとき、私は、すぐれたことばや知恵を用いて神の奥義を宣べ伝えることはしませんでした。なぜなら私は、あなたがたの間で、イエス・キリスト、しかも十字架につけられたキリストのほかには、何も知るまいと決心していたからです。あなたがたのところに行ったときの私は、弱く、恐れおののいていました。そして、私のことばと私の宣教は、説得力のある知恵のことばによるものではなく、御霊と御力の現れによるものでした。それは、あなたがたの信仰が、人間の知恵によらず、神の力によるものとなるためだったのです。」

すぐれたことばや知恵に頼らない

二章一節に「兄弟たち。私があなたがたのところに行ったとき、私は、すぐれたことばや知恵を用いて神の奥義を宣べ伝えることはしませんでした」とあります。パウロはここで、福音のことを「神の奥義」と言っています。福音は「神の秘められた計画」「秘義」であるということです。「秘義」であるというのは、人間の理性によって、人間の知恵によっては理解し得ない、合点がいかない面が本質的にあるということです。福音の中心的な事柄が、人の目には愚かに思えるということです。

ですから、この世の知恵を総動員して福音を説き明かせば、結論として信仰に至るということではありません。聖書を学問的に学ぶ人がみな、イエス・キリストの十字架を信じるわけではありません。学問の結論として、理性的な議論の帰結として、信仰に至るわけではない。この世の知恵で、学んで、考え抜いたら、信仰に至るというわけではないのです。

むしろ、福音の本質には、この世の知恵からすれば大きなつまずきがあります。愚かとしか思えない面がある。ですからパウロは、この世の知恵で人々を説得しようとするのではありません。一節にあるように、「すぐれたことばや知恵を用いて神の奥義を宣べ伝えること」をしなかったのです。

「すぐれたことばや知恵を用いて」宣べ伝えることはしなかったとありますが、原語の意味に即して訳しますと、「ことばの卓越や、知恵の卓越によることはしなかった」となります。「ことばの卓越」とは、話し方、雄弁術、話法のことです。人々に感動を与えるような語り方や、美しい巧みなことばで人々を魅了することです。また「知恵の卓越」とは、当時のギリシアの知識人を満足させるような哲学的議論を指します。

パウロはそのような「ことばの卓越」や「知恵の卓越」によって、福音を語ることはありませんでした。このことは決して、福音宣教においては、語り方や知恵は全く意味をなさないということではありません。福音が語られているならば、語り方はどうでもよいとか、ことばや思想が洗練されていなくてもよいということではありません。

問題の中心は、パウロは決して雄弁術や知恵に信頼を置かなかった、それらを頼りにして福音を語ったのではなかった、ということです。語り方の技術や、この世の知恵あることばを用いることで、人々を説得しようとしたのではなかったということです。

では、パウロはいったい何を語り、また何を頼りにして語ったのでしょうか。パウロの宣教においては、「何を語るか」という中心点と、「何を頼りとして語るか」という点は明快でした。それがパウロの福音宣教の特徴であり、また、私たちの福音宣教が常に立ち返らなければならない点なのです。これらの点を順に見ていきたいと思います。

十字架のキリストを語る

まずパウロは何を語ったのかという点です。二節にはこうあります。

「なぜなら私は、あなたがたの間で、イエス・キリスト、しかも十字架につけられたキリストのほかには、何も知るまいと決心していたからです。」

パウロは、イエス・キリストを語る、それも十字架につけられたイエス・キリストを語ると心に決めていました。単にイエス・キリストを語るのではありません。「十字架につけられたキリスト」を語る。十字架の上で血を流してくださったイエス・キリスト。その贖罪の死が私たちの救いの根拠であることを語るのです。

イエス・キリストがこの世に来られたのは、ただ一つの目的のためでした。それは、十字架にかかって殺され、それによってご自身の民を救うということです。ですから、イエス・キリストは決して、単なる愛の教えの教師や人生の教師ではありません。もちろん、そういう面がないわけではありませんが、キリストが来られた目的は、人間に単に愛を教えたり、生き方を教えたり、倫理を教えたりすることではないのです。

キリストの生涯ははっきりとした目的をもっていました。十字架の死です。贖いの死です。いのちをささげることによって、私たちを救うことです。そこに集中していました。それゆえ、私たちも十字架を抜きにして、イエス・キリストの生涯も、また教えも、正しく理解することはできないのです。

イエス・キリストの生涯が、十字架という一点に向けられていたように、パウロの宣教も、イエス・キリストの十字架に中心点がはっきりと据えられていました。パウロにとって宣教とは、十字架のキリストを宣教する以外の何ものでもなかったのです。

十字架による救いがなければ、どんなにイエス・キリストについて語られたとしても、それはもはや福音ではありません。福音が福音であるためには、十字架が語られなければなりません。もちろん、ことばとして十字架が語られることだけが問題なのではないでしょう。十字架を中心として福音が提示され、聖書が語られなければならないということです。

パウロはここで「十字架につけられたキリストのほかには、何も知るまいと決心していた」と記しています。「決心していた」と訳されているのは、意思的な決断の行為を示すことばです。パウロが、伝道旅行での様々な経験を経て、この結論に至ったと解釈される場合もありますが、おそらくそうではありません。パウロの宣教の中心には常にイエス・キリストの十字架がありました。それ以外のものに、中心を譲ったことはありません。

しかし、そのパウロが十字架のキリストを語ると心に決めていたのは、それだけこれを語るのには勇気が必要であったということです。一章後半に記されていたように、十字架の福音は、この世の知恵からすれば愚かに思えるのです。それを語る者も愚か者とみなされます。この世の評価からすれば、自分を高めることができるわけではありません。むしろ、見下され、反感を買うことを覚悟しなければならないのです。

ということは、福音を語るときには、誘惑があるということです。人々の反感を買わないように混ぜものをする。自分がばかにされないように混ぜものをする。そういう誘惑があり、そうして時に福音の中心点がぼやけていくのです。十字架がぼやけていくのです。ですからパウロは心に決めていたのです。十字架につけられたキリストだけを語る、と。そのような意思的決心なしには、私たちはなかなか福音を本当の意味で語ることはできないということを知っておかなければなりません。

パウロの意思的な決断が、十字架の福音を語るのに不可欠であった。それゆえ福音宣教というのは、存在をかけて語らなければ語れないものであるということが分かります。福音は口先で語れるものではありません。仮に口先で語ることができたとしても、その人自身が、その福音に賭けて生きているのでなければ、決して相手には伝わりません。自分の存在と切り離して、ことばだけで福音を伝えることはできないのです。

主イエスは自分の存在を賭けて、神のご計画を明らかにし、救いの御業を実現されました。その十字架の福音は、やはり自分の存在を賭けてそれを信じている人を通してでしか伝わらないのです。福音というものは、自分が信じているようにしか、人には伝わらないものなのです。

パウロは福音のもっているそのような性質を知っていました。ですから「イエス・キリスト、しかも十字架につけられたキリストのほかには、何も知るまいと決心していた」のです。

御霊と御力による宣教

　このように、福音宣教においては、語る人自身の信仰が問われますが、そう言われると、私たちの多くは怯《ひる》んでしまうのではないかと思います。私にはそんな立派な信仰はないとか、伝道できるほどの信仰はないと考えるのです。

　しかし、そうでしょうか。福音宣教というのは、立派な信仰者によって、強い信仰者によって進められるものなのでしょうか。そうではありません。むしろ、自分の弱さを本当に知る人、自分の信仰のなさを痛切に知っている人によってなされるのです。

　パウロがまさにそうでした。私たちは使徒パウロのことを、力強く、立派な伝道者と考えがちです。私たちとはレベルの違う、異質な特別な人間と考えがちです。しかしそうではありません。彼は私たちと同じような人間なのです。赦されたとはいえ、自らの罪に苦しみ嘆くことも知っていました。また、肉体的な弱さ、心の弱さをもっていました。とりわけ、最初にコリントにやって来たとき、彼は弱さの中にあったのです。三節にはこうあります。

「あなたがたのところに行ったときの私は、弱く、恐れおののいていました。」

「弱く」というのは、彼が病気もしくは病みあがりであったということかもしれません。

また彼は「恐れおののいて」いました。心は平安を失い、憂慮に満たされて、震えていたのです。

なぜパウロはそのような恐れと不安に取りつかれたのでしょうか。おそらく、コリントという巨大な世俗都市を前にして、自らの無力を感じたのでしょう。これまでと同じように伝道すれば、ユダヤ人から迫害され、ギリシア人からも苦難を受けることが予想されました。コリントは経済的な大都市です。そこは世俗の思想が支配していました。そこで伝道する自分を思い浮かべたとき、彼はまさに押しつぶされるような思いに苛《さいな》まれたのです。自分の小ささ、弱さを痛感しました。そして、眼前に広がるコリントの現状と、そこの人々に福音を伝えるという任務の大きさを思い、パウロはまさにその任務を自分では担いきれないように感じたのです。そして、不安と恐れに捕らわれてしまったのです。

しかし神が用いられたのは、このようなパウロでした。自信に満ちている人が、力に満ちている人が用いられるのではありません。自らの信仰に自信がある人が用いられるのではありません。むしろ、自らの弱さを深く知り、恐れおののく者が用いられるのです。

実際のコリントでの最初の宣教の様子は、使徒の働き一八章に記されていますが、パウロはそこでプリスキラとアキラという思いもよらない協力者を得て、伝道の成果を挙げることができました。それはパウロにとって、まさに思いを超えた出来事でした。

それゆえ四節は、パウロのその体験から出ていることばと言えます。

「そして、私のことばと私の宣教は、説得力のある知恵のことばによるものではなく、御霊と御力の現れによるものでした。」

コリントにおいてパウロは、「説得力のある知恵のことば」を語りませんでした。ことばの知恵で人を説得しようとしませんでした。彼の宣教はただ「御霊と御力の現れによるもの」であったのです。

パウロの宣教の第一の特徴は、先に述べたように、十字架のキリストを語るということでした。キリストの十字架が中心であるということです。

第二の特徴は、「御霊と御力の現れによるもの」であったということです。この「御霊と御力」というのは、パウロの宣教にはしばしば奇跡の業が伴ったということではありません。もちろん、そういう業が伴う場合もあったかもしれませんが、ここは文脈から明らかなように、人間の知恵とは違う、神の霊の働きによるものであったという意味です。

パウロの宣教は、何を頼りにするものであったのか。彼は自分がもつ何かを頼りにして福音を語ったのではありません。経歴、知識、雄弁を頼りにして語ったのではありません。パウロはただ、聖霊の力の働きに信頼して福音を語ったのです。

聖書が明らかにしているように、人が福音の真理を受け入れるのは、聖霊の働きによります。生まれながらの人は、自らの力でキリストのもとに行くことはありません。語られた福音のことばとともに、聖霊が働かれるとき、初めて人の心は変えられていくのです。

知性が照らされ、柔らかい心が与えられ、そして福音を自分のこととして理解し、キリストを信じ受け入れるように導かれていく。神学のことばで言えば、これを「有効召命」といいますが、そのような聖霊の働きによってのみ、人は福音の真理を、またイエス・キリストを受け入れる者とされるのです。

それゆえ、議論の巧みさや雄弁に拠り頼んで、人を信仰に導くことはできません。人間の知恵を頼みにして、人はキリストを信じることはできません。福音のことばとともに働く聖霊のみがこれを成し遂げてくださいます。ですから、弱さの中にあったパウロは、ただこの聖霊の力に拠り頼みました。そして、十字架の福音を語ったのです。

伝道は結局、人間の力ではできないのです。人の力で、人を信じさせることはできません。人間の説明の力で、人間の知恵で、本当に人をキリストへの信仰に至らせることはできません。できるのは、神の力のみです。神の働きのみです。ですからパウロは、神の力にゆだねて伝道しました。御霊の働きに拠り頼んで伝道しました。人間にできることは、神の力にゆだねて伝道することなのです。

弱さの中での宣教

五節にはこうあります。

「それは、あなたがたの信仰が、人間の知恵によらず、神の力によるものとなるためだったのです。」

信仰は神の力に基づかなければなりません。信仰が人間の知恵を土台としているならば、確かな根拠を失います。これは決して、信仰にとって大切なのは、知的なこと、理性的なことではなく、神の力による体験的なこと、感情的なことだと言っているのではありません。パウロは、知性よりも体験が大切だと言っているのではありません。

信仰にとって、知的理解は大切です。なぜなら、私たちの信仰は神のことばにその土台をもっているからです。決して体験や感情に足場を置いているのではありません。

パウロが敵対していたのは、神の知恵に対立するこの世の知恵でした。十字架をあざ笑い、自分たちこそが深遠な宗教的知恵をもっていると主張する者たちでした。そのような人間の知恵の上に、信仰が立つのではないのです。

真の信仰は、神の力によるものです。それはこの世の知恵からすれば、弱いように見えるかもしれません。しかし私たちの信仰が神の力に基づいているなら、揺らぐことはありません。むしろ、自分の力による信仰ほど脆《もろ》いものはないでしょう。けれども、みことばと御霊によって生み出され、御霊によって据えられた信仰は本当に堅固なものなのです。

パウロの宣教は、彼の弱さの中でなされたものでした。それこそが、キリストの弱さ、すなわちキリストの十字架を映すものでした。パウロの伝道は、ことばだけでなく、その存在においても、キリストの十字架を指し示すものであったのです。

伝道は、私たちが弱いからできないというものではありません。むしろ逆に、弱くないから、自分自身というものが強いから、できないのかもしれません。自分のもっているものになお期待し、自分の力に頼っているからできないのかもしれないのです。

パウロは、衰弱し、恐れと不安に捕らわれているなかで、福音を語りました。十字架の福音を語りました。自分の無力を痛感し、元気な時には頼りにしていたかもしれない経験や学問などが無力に思えるなかで、ただ神の力を頼りにして、十字架の福音を語りました。そしてそのとき、神の恵みによって伝道が進展したのです。

パウロが最初にコリントに行って怖気《おじけ》づいたように、私たちもしばしば無力感に苛まれます。しかし、私たちは弱くてもよい、また打ちのめされていてもよいのです。だから伝道ができないということはありません。知恵がないから、学問がないから、病気だから、伝道ができないということはありません。

パウロのように、十字架の福音を、自分が本気で信じている福音として伝えるなら、伝道は必ず進展します。問題は、私たちの生き方の焦点が十字架に定まっているかということです。「十字架につけられたキリストのほかには、何も知るまいと決心している」かどうかということです。この世に心を奪われて、二心になっていないかということです。

私たちの希望、永遠に繋がる希望は、イエス・キリストの十字架にしかありません。その希望に生きることが大切なのです。失望に終わることのない希望はこれだけです。それゆえ、私たちはこの希望に生き、この希望の福音を伝えていくのです。

9　教会が語る神の知恵

〈Ⅰコリント二・六～一〇〉

「しかし私たちは、成熟した人たちの間では知恵を語ります。この知恵は、この世の知恵でも、この世の過ぎ去って行く支配者たちの知恵でもありません。私たちは、奥義のうちにある、隠された神の知恵を語るのであって、その知恵は、神が私たちの栄光のために、世界の始まる前から定めておられたものです。この知恵を、この世の支配者たちは、だれ一人知りませんでした。もし知っていたら、栄光の主を十字架につけはしなかったでしょう。しかし、このことは、

『目が見たことのないもの、
耳が聞いたことのないもの、
人の心に思い浮かんだことがないものを、
神は、神を愛する者たちに備えてくださった』

と書いてあるとおりでした。それを、神は私たちに御霊によって啓示してくださいました。御霊はすべてのことを、神の深みさえも探られるからです。」

この世の知恵と真の知恵

一章二一節でパウロは、「この世は自分の知恵によって神を知ることがありませんでした」と語りました。すなわち、人間の知恵、世の知恵が、本当に人を救うことはできないのです。そこでパウロは、自分は知恵を語らない、知恵を用いないと言いました。知恵を用いるのではなく、ただ十字架を語ると述べたのです。そのパウロが二章六節では意外なことばを語っています。

「しかし私たちは、成熟した人たちの間では知恵を語ります。」

あれだけ知恵を否定してきたパウロが、今度は自ら「知恵を語る」と言います。これはどういう意味なのでしょうか。

「成熟した人たちの間では」とありますから、信仰者の中で熟練して、円熟した人の中では、少し難しい知恵も語るという意味に解される場合があります。未熟な幼い信仰者の中では知恵は語らない。しかし、成熟した信仰者に対しては知恵を語るという解釈です。けれども、そうではありません。パウロがここで言っているのは、信仰者の中にある成熟・未成熟の区別ではありません。この「成熟した人たち」というのは、すべてのキリスト者を指しています。

キリスト者はすべて、イエス・キリストにあって救われた者です。救いがすでに成就した者です。イエス・キリストの救いは曖昧なものではありません。十字架の福音を受け入れた者は、すでに救われた者です。それがここで言う「成熟した人たち」です。ですからパウロは、信仰者の中では、つまり教会の中では、知恵を語ると言っているのです。

一方では、知恵の愚かさを語り、もう一方では自ら知恵を語ると言う。ここでパウロは明らかに、二つの種類の知恵を区別しています。それは、この世の知恵、人間の知恵と、パウロが語る真の知恵です。彼はこの二つを鋭く区別しています。

パウロは決して、知恵そのものを否定したのではありません。あらゆる知恵を否定したのではありません。キリスト教信仰というものは、知性や知的営み、学問というものを否定するわけではありません。信仰は、感情や感性に土台を置くのではありません。真の知恵に土台を置くのです。では、その本当の知恵とは、いったい何なのでしょうか。

奥義のうちにある、隠された神の知恵

パウロはそれを、六節後半では否定的に説明し、七節では積極的に説明しています。六節後半にはこうあります。

「この知恵は、この世の知恵でも、この世の過ぎ去って行く支配者たちの知恵でもあり

ません。」

パウロが言う本当の知恵が、イエス・キリストの十字架による救いを指しているのは確かです。これが聖書の語る福音ですが、それは「この世の知恵」ではありません。つまり、福音というものは、この世が、人間が考え出した知恵ではないのです。

神の御子であるキリストが、私たちの身代わりとして十字架の上でさばきを受けられた。それによって、私たちは救われました。この福音は、決して人間が考案したものではありません。人間の思索の結果、努力の結果、到達した知恵ではないのです。なぜならば、この世の知恵からすれば、福音は愚かでしかないからです。ばかげた教えとしか思えないのです。二千年前に十字架につけられた一人の男の死を、自分の救いと結びつけるなど、この世の知恵からすれば愚かに思えるに決まっています。ですから、福音は、決してこの世の知恵の産物ではない。この世の知恵の延長線上にあるのではないのです。

また福音は「この世の過ぎ去って行く支配者たちの知恵でもありません」。この「支配者」が悪霊を指しているという見解もありますが、ここはやはり人間の支配者を指していると見るのが良いでしょう。つまり、自分の力や卓越さをもって人々に影響を与えているこの世の有力者、指導者のことです。この世の様々な分野には、それぞれの有力者・指導者がいます。政治、経済、科学、教育、芸術等々です。そして彼らは確かに、その分野での卓越した知恵をもっています。それらの知恵はもちろん無意味なものではありません。

しかしそれらは、決して永遠に繋がるものではない。人を永遠に結びつけ、導くものではないのです。

福音は、そのようなこの世の知恵とは異質なのです。人間に源をもつこうした知恵と同一線上にあるのではありません。真の知恵は、下からの知恵ではない、神からの、上からの知恵にほかなりません。

続く七節でパウロは、この真の知恵を積極的に説明しています。

「私たちは、奥義のうちにある、隠された神の知恵を語るのであって、その知恵は、神が私たちの栄光のために、世界の始まる前から定めておられたものです。」

パウロは、その知恵が「神の知恵」であることを強調しています。福音はこの世の知恵ではない、人間の知恵ではない、それは神の知恵だと言うのです。そしてそれは「奥義のうちにある、隠された神の知恵」だと言います。「奥義のうちにある」がゆえに、人間は本来まったく知ることができないのです。ですから、この世の知者がどんなに努力しても、知恵と力を尽くして探求しても、見出すことができないものなのです。

さらにそれは「隠されて」いました。完了形ですから、昔からずっと今に至るまで隠され続けているということです。この世の人たちが、普通に、簡単にそれを見出すことはできないのです。隠されているからです。生まれたままの人間に対して、通常隠されている。すなわち、生来の人間は本当の知恵、本当の光を知らないのです。闇の中を歩んでいるのです。

もちろん、人間が暗闇の中を歩んでいる責任は、神にあるのではありません。神に背を向け、神を見失い、それゆえに暗闇の中を歩まざるを得なくなった責任は、人間自身にあります。人間の堕落と罪にあります。それが、人間の悲惨と悲しみの根源的な原因です。しかし、その人間に対する救いの計画が隠されていました。神の奥義のうちにあったのです。そしてそれが歴史の中で明らかになり、現実となりました。

七節の後半には、この神の知恵である福音の目標と起源が記されています。この神の知恵である福音は、何を目指しているのでしょうか。パウロは端的に「神が私たちの栄光のために、世界の始まる前から定めておられたもの」と言います。つまり、私たち一人ひとりの栄光のためなのです。

そして私たちの栄光とは、私たちがキリストにあって受ける救いの恵み全体を指します。つまり、この世にあって罪を赦され、すなわち義とされ、また神の子の内に数えられ、そして、御霊によって導かれ、聖められ、さらには終わりの日に全き救いの完成にあずかるのです。私たちはすでに、罪赦されて、神の子とされるという栄光にあずかっていますが、真の栄光は将来現実となります。新天新地において、神の御前に、永遠の祝福の中を生きる者とされること、それが私たちの栄光の救いです。そしてそこに導くことが、神の知恵である福音の目的なのです。

では、その福音を神はいつお定めになったのでしょうか。パウロは、「世界の始まる前から定めておられた」と言います。イエス・キリストの十字架によって私たちが救われるということは、創造以前から神が定めておられたことです。知恵の究極の起源は、世の始まる前の神の決定によります。それは決して、後で神が思いついたというようなものではありません。神は私たち罪人の救いのために、神の知恵としてご計画を立てられました。永遠の神のみこころのうちに計画を立てられました。ですから私たちの救いは、決して、後からの神の気紛れではありません。神の気紛れに、私たちの救いは根拠を置くのではありません。

永遠に変わることのない神のご計画のうちに、私たちの救いの根拠はあります。この世に根拠があるのではありません。自分の信仰そのものに根拠があるのでもないのです。この世は移り変わります。また自分自身も、この世を生きるなかで揺れ動きます。正直に自分を見る人は、自分がそれほど当てにならない存在であることを知っているでしょう。救いの確かな根拠が自分自身のうちにあるわけではないのです。

救いの根拠は神の側にあります。それも、神の永遠のご計画のうちにある。ですから、私たちがどんな状況になっても、これだけは動かないのです。そこに私たちの揺らぐことのない安心の根拠があります。自分の頑張りではなくて、神が私たちをしっかりと捕らえていてくださる。永遠のみこころのうちに導いていてくださる。そこに、神の知恵による救いの確かさがあるのです。

この世は神の知恵を理解しない

この神の知恵は、この世の知恵によって、人間の知恵や力でとらえることはできません。パウロは八節で言います。

「この知恵を、この世の支配者たちは、だれ一人知りませんでした。もし知っていたら、栄光の主を十字架につけはしなかったでしょう。」

神の奥義を、この世の人はだれも自らの力で知ることはできません。この世の支配者がどれほど優れていても、また指導者にどれほど見識があっても、この世の知恵によっては、神の知恵を理解することはできないのです。

主イエスの地上生涯の時代に主イエスを十字架につけた者たちは、決して、無知な者たちではありませんでした。主イエスを十字架につけたのは、律法学者・祭司長たちと言えますが、彼らはその時代が達した知識の十分な所有者でした。神を知っており、だれよりも知識をもっていると自他共に認めていた者たちです。そのようなこの世の知者が、イエス・キリストを十字架につけたのです。

この世の知恵というものを、私たちは頭ごなしに否定するのではありません。神の一般恩恵として、神を知らない人たちも様々な良きものを生み出すことができるのであり、私たちもそれにあずかることができます。しかし、この世の知恵は究極的には、神に逆らう要素をもっていることを知らなければなりません。この世の知者がイエス・キリストを殺しました。この世の知恵は、イエス・キリストを、神のことばを喜ぶことができないのです。

イエス・キリストのことばは、人間の一切の自己欺瞞を明らかにします。一切の自己義認を暴きます。一切の自己満足を許しません。そして、神の御前におけるありのままの、罪人としての惨めな自分をさらけ出し、へりくだって神に立ち返ることを迫ります。神を無視して「自分」を立てることを許しません。そういう厳しさをもちます。それがイエス・キリストのことばです。そのイエス・キリストのことばを、この世の知恵は受け入れることができないのです。

この世は、都合の良いところや、耳に聞こえの良い部分は受け入れるでしょう。しかし、本当の意味でイエス・キリストが語るみことばの真実を受け入れることはできません。むしろ最後には、あの律法学者や祭司長たちのように、イエス・キリストを殺さないではいられなくなる。イエス・キリストを拒み、否定せざるを得なくなるのです。

それゆえ私たちは、この世の知恵に、本当の希望を置くことはできません。人間の知恵は、まさに日ごとに発達しているでしょう。しかし、本当にそれで人間は幸福になっているのでしょうか。人間の知恵によって社会が変わることによって、本当に社会は希望に満ちるようになっているでしょうか。

多くの人たちが、社会を良くしようと願っています。多くの人たちが幸せを願って懸命に生きています。それはもちろん尊いことです。しかしそれでも、願っているところにたどり着かないのです。それどころか、ある意味でますます混迷の中に陥っている現状があるのではないかと思います。

私たち人間に本当に必要なのは、この世の知恵ではありません。私たちに本当に必要なものを、この世の知恵が満たすことはできません。それを満たすことができるのは、神の知恵のみです。神の知恵である、十字架の福音のみなのです。そしてこの知恵を、パウロは語ります。そしてこの知恵こそが、私たちを栄光に導くことができるのであり、私たちを永遠の確かさの中で生かすことができる知恵にほかなりません。

神の知恵は聖霊によって明らかにされる

続く九節でパウロは、この神の知恵が明らかにされた出来事が、旧約聖書の預言の成就であることを示しています。

「しかし、このことは、『目が見たことのないもの、耳が聞いたことのないもの、人の心に思い浮かんだことがないものを、神は、神を愛する者たちに備えてくださった』と書いてあるとおりでした。」

この引用はイザヤ書六四章三節に、他の類似聖句を加えたもので、かなり自由な引用と言えます。人は通常、目で見、耳で聞き、心で受けとめて、物事を理解します。しかし「目が見たことのないもの、耳が聞いたことのないもの、人の心に思い浮かんだことがないものを、神は、神を愛する者たちに備えてくださった」のです。つまり、生来の人が、目、耳、心を存分に用いても、神の知恵を理解することはできない。しかし、神はご自分を愛する者たちに、これを理解することができるように備えてくださった。あらかじめそのように計画していてくださったということです。

こうしてパウロは六節から九節で、彼が語る神の知恵の性質を示しました。それは世の知恵ではなく、神の知恵です。そしてその知恵は、世界の始まる前から定められていたものであり、私たちに栄光を与えることを目標とするものです。

けれどもその知恵は、隠されていた奥義であって、生来の人間は、これを見出して理解することはできません。いやむしろ、この世の知恵は、この神の知恵を憎み、拒否するのです。罪人はだれ一人、自らの力で、自らの知恵で、この神の知恵である福音を理解することはできないのです。

では、私たちはどうしたらこの神の知恵を理解することができるのでしょうか。パウロはその答えを端的に一〇節で述べています。

「それを、神は私たちに御霊によって啓示してくださいました。」

一言で言えば、神の知恵すなわち福音は、神によって、神の霊によって明らかにされるのです。神が明らかにしてくださらなければ、だれも、神の知恵を知ることはできません。神が、奥義である知恵をご自身で開いて示してくださるときに初めて、人はそれを知ることができるようになります。つまり、神の啓示によるということです。

そして神の知恵である啓示は、今日、聖書において与えられています。人間はどんなに努力しても、自分の力で真の知恵を見出すことはできません。しかし、神は聖書において、神の知恵を示してくださいました。そして聖霊なる神は、聖書のことばを通して、私たちの心を開き、神の知恵である福音を、自らのこととして理解することができるようにしてくださいます。

神の啓示の書である聖書を抜きにして、神の知恵を知ることはできません。また、聖書を通して働いてくださる聖霊の働きを抜きにして、神の知恵を悟り、それに生かされることはありません。神の知恵である福音は、私たちを救い、私たちに栄光を与えることを目標としています。永遠に繋がる確かな祝福を与えることを目標としています。その福音のことばが語られるのは、この地上に教会しかありません。教会はその意味で、永遠に繋がる門なのです。

この世には多くの知恵があります。それらには、それぞれ意味があるでしょう。しかし、永遠に繋がる知恵、永遠の祝福に繋がる知恵は、聖書にある福音だけなのです。

10　霊による判断

〈Ⅰコリント二・一〇～一六〉

「それを、神は私たちに御霊によって啓示してくださいました。御霊はすべてのことを、神の深みさえも探られるからです。人間のことは、その人のうちにある人間の霊のほかに、いったいだれが知っているでしょう。同じように、神のことは、神の霊のほかにはだれも知りません。しかし私たちは、この世の霊を受けたのではなく、神からの霊を受けました。それで私たちは、神が私たちに恵みとして与えてくださったものを知るのです。それについて語るのに、私たちは人間の知恵によって教えられたことばではなく、御霊に教えられたことばを用います。その御霊のことばによって御霊のことを説明するのです。生まれながらの人間は、神の御霊に属することを受け入れません。それらはその人には愚かなことであり、理解することができないのです。御霊に属することは御霊によって判断するものだからです。御霊を受けている人はすべてのことを判断しますが、その人自身はだれによっても判断されません。『だれが主の心を知り、主に助言するというのですか。』しかし、私たちはキリストの心を持っています。」

神からの霊により神の恵みを知る

人間はどのようにして神の知恵を知ることができるのでしょうか。パウロは一〇節で言いました。「それを、神は私たちに御霊によって啓示してくださいました。」すなわち、それは御霊の啓示によるのです。神が私たちに、ご自身のこと、また神の救いのご計画を啓示されたのは、神の霊、聖霊によります。

パウロはこうして議論の主題を「知恵」から「聖霊」へと展開していきます。一〇節後半から一六節は、主として聖霊についての教えが語られます。一〇節後半にこうあります。

「御霊はすべてのことを、神の深みさえも探られるからです。」

神の霊である聖霊だけが、一切のことを探り、究めることがおできになります。また、神の霊である聖霊だけが、神のみこころの最も深いところを知っておられます。隠された知恵を知り尽くしておられるのです。それゆえ聖霊以外に、この神の隠された奥義としての知恵を啓示できる方はいません。一一節では、人間を例にしてそのことをさらに説明しています。

「人間のことは、その人のうちにある人間の霊のほかに、いったいだれが知っているでしょう。同じように、神のことは、神の霊のほかにはだれも知りません。」

人間の内心の思いや計画、その人の心のうちにあることは、本人の霊以外、つまり自分自身しか知り得ないものです。他の人は、外側から推測することしかできません。同じように、神についても、外側から神について考えている者には、推測しかできないのです。神のこと、神のみこころのうちにあることを、外から知ることはできません。それを知っているのは、神の霊だけです。神の内なるみこころは、神の霊である聖霊こそがご存じなのです。神のことは、本当のところ、神ご自身にしか分かりません。神ご自身であられる神の御霊、聖霊しか知ることはできない。この御霊こそが、神のことを啓示することがおできになるのです。

パウロは、続く一二節でこう言います。

「しかし私たちは、この世の霊を受けたのではなく、神からの霊を受けました。それで私たちは、神が私たちに恵みとして与えてくださったものを知るのです。」

つまり、神のことを本当に知っておられる「神の霊」、その神の霊を私たちは受けた、と言うのです。一一節後半に「神のことは、神の霊のほかにはだれも知りません」とありました。ここの「知りません」は現在完了形です。つまり、今までずっと神を知る者はいなかった。しかし「私たちは」神の霊を受けた。それゆえに私たちは、神を知るものとなった、と強調しているのです。

そして神からの霊を受けたがゆえに、「私たちは、神が私たちに恵みとして与えてくださったものを知るのです」とパウロは言います。神の深みを究め、神の知恵を啓示することができる唯一の霊を受けたがゆえに、私たちは神の恵み、神のみこころが分かるようになったというのです。神の御霊を受けた者は、神に起源をもつ真の知識をもちます。聖霊を受けた者は、神から賜った恵みを悟ります。聖霊は、神の恵みを悟らせてくださるのです。

こうしてパウロは、聖霊だけが人に神の知恵、神の奥義を明らかにする、と述べました。しかしこのことを、聖霊による特別な導き、特別な体験を通して、神の知恵は明らかにされるのだと理解してはなりません。聖霊体験といわれるような特別な体験や、特別な霊の導きによって、神のみこころは明らかにされるのだと考えてはなりません。パウロがこの手紙を書いている時点では、聖書は完結していませんでした。それゆえ、パウロなどの使徒たちが、神の啓示を特別に担う存在でした。そして使徒たちのことばが、聖霊の導きによって、新約聖書として完結しました。ですから、聖書こそが神の啓示の書であり、聖霊による啓示の書です。それゆえ、この聖書を抜きにした霊の啓示というものを考えてはならないのです。

聖霊なる神は、啓示の書である聖書を通して、私たちに語りかけてくださいます。そして私たちの心が照らされ、聖書に教えられている神の救いのご計画が、本当に自分のこととして理解できるようになります。罪の自覚が与えられ、キリストの十字架が、自分の救いのためであると分かります。それが聖霊の内的照明と言われるものです。

聖霊は、神が私たちに明らかにしようとされた神の奥義を、文書にまとめ、聖書をお作りになりました。そして聖霊はその聖書を通して、具体的に一人ひとりの心を照らし、神の真理を悟らせ、神ご自身の救いの恵みにあずからせてくださるのです。

ですからまさに、私たちが神の知恵を知るのは聖霊によると言えます。聖霊によらなければ、だれ一人、神ご自身とその救いのご計画を知ることはできないのです。

霊的恵みは霊的なことばで語る

続く一三節でパウロは、この神の知恵を知った者はそれを語るようになる、と言います。「それについて語るのに、私たちは人間の知恵によって教えられたことばではなく、御霊に教えられたことばを用います。その御霊のことばによって御霊のことを説明するのです。」

御霊を受けて、神の恵みを知るようになった者は、それを語る者となります。御霊は悟らせるだけではなく、語らせる霊でもあるからです。御霊を受けて神の恵みを知らされた者は、語らずにはいられなくなるのです。

そしてここでパウロが取り上げているのは、それを語る際の「ことば」のことです。福音を伝える際に、いったいどんなことばを用いるべきなのでしょうか。

パウロは、「人間の知恵によって教えられたことばではなく、御霊に教えられたことば」によると言います。つまり、この世の知恵のことばによってなされるのではなく、御霊に教えられたことばによるのです。

一三節後半には、「その御霊のことばによって御霊のことを説明するのです」とあります。これは、霊的なことを霊的なことばに結びつけるということであり、霊的な恵みを霊的なことばを使って説明するということです。霊的な恵みは、霊的なことばによって語られるべきなのです。

イエス・キリストの福音、またキリスト教というものを、できるだけ合理的に、理性的なことばで説明することにはもちろん意味があります。この世の人たちに受け入れられやすいことばや、説得力を身につけることも無意味ではありません。この世の人との接触点は大事だからです。しかし私たちがはっきり自覚していなければならないことは、この世の知恵のことばで、霊的なこと、神の恵みの福音を語りきることはできないということです。伝道にとって一番大切なのは、「霊的恵みは霊的なことばで語る」ということです。そして、霊的なことばとは何よりも聖書そのものです。それゆえ伝道とは、聖書のことばを、御霊に導かれて大胆に語ること以外の何ものでもありません。

福音は、福音としてまっすぐに語られることが大切です。この世の知恵で飾り付けをして、この世の崇高な知恵の一つのように見せかける必要はありません。この世の人たちの気を引こうとして、一生懸命福音をぼやかし、曖昧にしようとしてはなりません。伝道の主体は神ご自身であり、神のことばそのものが働くのです。この世の知恵でまぶした余分なことばよりも、神のことばそのもののほうがはるかに力があります。ですから私たちは、御霊の導きを求めつつ、みことばを語ることが大切なのです。

　しかし、そのようにして語られる神の知恵が、すんなりと人々に受け入れられるわけではありません。パウロは一四節で述べています。

「生まれながらの人間は、神の御霊に属することを受け入れません。それらはその人には愚かなことであり、理解することができないのです。御霊に属することは御霊によって判断するものだからです。」

「生まれながらの人間」とは、生まれてそのままの自然的生命を生きているだけの人のことです。ことばを換えて言えば、聖霊によって新たに生まれるという恵みにあずかっていない人のことです。そうした「生まれながらの人間」は、この世のことについて仮にどんなに賢く、知識をもっていたとしても、「神の御霊に属すること」を理解し、受け入れることはできないのです。「受け入れません」とは「歓迎しない」ということです。なぜ福音を歓迎しないのかといえば、福音は「愚かなこと」に思えるからです。ばかげたことに思えるからです。このことはパウロが、一章一八節以降で、繰り返し語ってきたことです。イエス・キリストの十字架による救いは、この世の知恵から判断すれば愚かでしかない。ばかげたことにしか思えない。しかし、それは「生まれながらの人間」の判断なのです。聖霊が宿っていない、聖霊の支配下にない人の判断です。

パウロは一四節後半で、「御霊に属することは御霊によって判断するもの」と言っています。神の霊に属する事柄は、御霊によって初めて判断できます。すなわち、神の霊に属する事柄は、神の御霊を宿した者しか悟ることはできないのであり、宿していない者には、愚かにしか思えないのです。

パウロは繰り返し、福音の真理が正しく理解されるのは聖霊によると語ります。聖霊によらなければ、神のことを理解することはできない。聖霊を与えられている者でなければ、福音は分からないのです。パウロはこの手紙の一二章三節で「聖霊によるのでなければ、だれも『イエスは主です』と言うことはできません」と言っています。聖霊が宿る者でなければ、イエス・キリストが真の神であり、真の救い主であることは分からないのです。

ですから、福音が分かるか分からないか、つまり、自分の救いに関するものとして分かるか否かは、決してその人の知性の問題ではないわけです。またその人の意志の問題でもありません。真の問題はその人の内的状態にあります。心の内に、神を喜ばず、自分自身を神として、自分を中心に生きたいという思いがあるからです。へりくだって神に従うことなど、とんでもないことだという思いがあるからです。自分のいのちを自分のものと思い、自分の思いのままに生きたいという思いがあるからです。

そうして神に背を向けている。これが罪の状態です。そしてこれがこの世の悲惨と悲しみの根本的な原因です。この罪に満ちた内的状態が変えられる必要があるのです。そして聖霊なる神だけが、その人間の内的状態を変えることがおできになります。

人間は、自分で自分を変えることができるわけではなく、また外から人に命令することによって、人を変えることができるわけでもありません。自分の努力や、他の人の努力によってできることももちろんある程度あるでしょう。しかし、根源的な人間の内的状態を、人は変えることができないのです。人間の根源にある罪の問題を、人間の力で解消することはできないのです。それができるのは神だけです。聖霊なる神だけです。

御霊を受けている人はすべてのことを判断する

パウロは、生まれながらの人間は神の霊に属する事柄を理解することはできないけれども、「御霊を受けている人はすべてのことを判断します」（一五節）と述べています。生まれながらの人間はすべて、罪という名の深刻な闇を心の中にもっています。そして闇がその人を蝕《むしば》んでいます。

そのような人間が救われる道は、聖書によれば、新しく生まれ変わること以外にはありません。人間の一部を改良すれば良くなる、と聖書は言いません。全体が変わらなければならない。そしてそれは、聖霊なる神がその人の内に宿るときに実現するのです。

コリント人への手紙第二の五章一七節で、パウロは言いました。

「ですから、だれでもキリストのうちにあるなら、その人は新しく造られた者です。古いものは過ぎ去って、見よ、すべてが新しくなりました。」

聖霊によってキリストとの結合が生じます。そのとき、人は新しく創造された者となります。一部だけが新しくなるのではなくて、その人の全体が新しくなる。そしてその人は、一五節にあるように、「御霊を受けている人」としてすべてのことを判断するようになります。御霊がその人の内に働いて、判断を導いてくださるのです。「すべてのこと」ですから、狭い意味での宗教のことだけではありません。生きるうえでの生活のすべての事柄です。それに目が開かれて、判断できるようになる。御霊は、私たちの全生活を導いてくださるお方なのです。

しかし、この世の人は神の霊を宿していませんから、霊の人であるキリスト者のことを正しく判断することはできません。一五節後半に、「その人自身はだれによっても判断されません」とあるとおりです。ことばを換えて言うならば、私たちの信仰や信仰生活が、この世の人々から理解されないのは避けがたいということです。また理解されないということは、摩擦も生じるということです。祖先崇拝をしないということで非難されることもあるでしょう。日曜日の礼拝を守ろうとすることで、理解されずにつらい思いをすることもあるかもしれない。しかしそれらは、思いがけない出来事ではありません。生まれながらの人間は、神の霊に属することが理解できないのですから、それに伴う軋轢《あつれき》や戦いを、キリスト者はある意味、覚悟していなければならないのです。

私たちはキリストの心を持っている

一六節では、この「生まれながらの人間は、神の御霊に属することを受け入れません」ということが、旧約聖書の引用によって確認されています。

「だれが主の心を知り、主に助言するというのですか。」

これはイザヤ書四〇章一三節からの引用です。生まれながらの人間はだれも、主の心を知ることはできません。まして、主に助言することなどできるはずがありません。しかし、パウロは最後にこう言います。

「しかし、私たちはキリストの心を持っています。」

パウロは大胆に主張しています。生まれながらの人間は主を知らない。しかし私たちキリスト者は「キリストの心を持っています」と。キリストの心を抱いていると言うのです。これはもちろん、キリスト者はキリストのみこころをすべて知っているということではありません。そうではなくて、キリスト者の内には、キリストの霊が、御霊が宿っている。そしてその方がいつも、キリストご自身を示し、キリストのみこころを教えていてくださるということです。

御霊が与えられたのは、私たちの功績のゆえではありません。それはただ、神の恵みとしか言いようがありません。ただ恵みによって、罪のうちに死んでいた私たちを、キリストに結びつけ、罪を赦し、神の子とし、真のいのちに生きる者としてくださいました。また、内なる御霊は、私たちの霊の眼《まなこ》を開いて、すべてのことを判断することができるようにしてくださいました。さらに私たちは、キリストの思いを、キリストの心を抱くものとされました。つまり、キリストの豊かさに生きることができるようにされたのです。

私たちが生きる時代は、確かに便利で豊かな時代ですが、決して生きやすい時代ではありません。人間が人間として生きることを圧迫するような、様々な力が働いているように思います。しかし私たちには、揺るがない希望があります。それは、聖霊なる神が自分の内に宿っておられるということです。そして、キリストの思い、キリストの心を抱いて生きることができるということです。

キリストの豊かさに生きるように私たちは召されています。そのために、聖霊が私たちには宿っておられます。確かさを見出しにくい時代の中にあって、これ以上の確かさはないのです。

11　乳飲み子の信仰

〈Ⅰコリント三・一〜四〉

「兄弟たち。私はあなたがたに、御霊に属する人に対するようには語ることができずに、肉に属する人、キリストにある幼子に対するように語りました。私はあなたがたには乳を飲ませ、固い食物を与えませんでした。あなたがたには、まだ無理だったからです。実は、今でもまだ無理なのです。あなたがたは、まだ肉の人だからです。あなたがたの間にはねたみや争いがあるのですから、あなたがたは肉の人であり、ただの人として歩んでいることにならないでしょうか。ある人は『私はパウロにつく』と言い、別の人は『私はアポロに』と言っているのであれば、あなたがたは、ただの人ではありませんか。」

肉に属する人

コリント人への手紙は、コリント教会の抱えていた問題を取り上げつつ、パウロが議論を展開しているものです。パウロがこの手紙で取り上げたコリント教会の第一の問題は党派争いでした。パウロは一節で言いました。

「兄弟たち。私はあなたがたに、御霊に属する人に対するようには語ることができずに、肉に属する人、キリストにある幼子に対するように語りました。」

パウロはコリントの信徒たちに対して、御霊に属する人に対するように語ることができない、と言います。「御霊に属する人」とは、聖霊によって新たに生まれた人、聖霊の支配下にある人のことで、端的に言えば、キリスト者、クリスチャンということです。

パウロは彼らに対して「兄弟たち」と呼びかけていますから、彼らがキリスト者であることを何ら疑っているのではありません。しかし、彼らに普通のキリスト者に対するように語ることができない、と言うのです。

むしろパウロは「肉に属する人」に対するように語りました。「肉に属する人」とは、ときには聖霊を受けていない人、キリスト者でない人を意味する場合もありますが、ここはそういう意味ではありません。パウロは彼らが「兄弟たち」、キリスト者であることを認めていました。しかし、あたかも「肉に属する人」に対するようにしか語ることができないという。つまり、ここの「肉に属する人」とは、キリストを信じ、洗礼を受けたにもかかわらず、なお聖霊の導きに自分をゆだねていない者を意味しています。生まれながらの人間と同じように、神とは無関係の自分自身の内なる原理によって生きている者のことです。

キリスト者とは、キリストの霊を受け、聖霊の支配に導かれて生きる者です。しかし彼らはそうなっていません。むしろ、なお自分の心の王座に自分が座り続けており、その座をキリストに明け渡していないのです。

ことばを換えて言うならば、心が二つに分かれているということです。キリストに従うということで一貫していない。キリストを押しのけて、自分の生来の原理で生きようとしているのです。キリストの支配を、一部だけに押し込めようとしているとも言えます。たとえば、日曜日だけはキリストを主とするけれども、他の日はこの世の原理で生きるとか、キリストの支配をあくまで「宗教」という狭い心の中だけの領域とし、その他の面、すなわち生き方においてはキリストと無関係の原理で生きるのです。

そのようにして心が「この世の原理」と「キリスト」に分かれている状態の人。それがここで言う「肉に属する人」です。そしてこのように、二心に分かれているならば、人は結局、何の益も得ることはできないのです。

パウロはローマ人への手紙八章で、神の霊に導かれて生きることが、私たちの唯一の義務だと述べました。八章一二節以下にはこうあります。

「ですから、兄弟たちよ、私たちには義務があります。肉に従って生きなければならないという、肉に対する義務ではありません。もし肉に従って生きるなら、あなたがたは死ぬことになります。しかし、もし御霊によってからだの行いを殺すなら、あなたがたは生きます。神の御霊に導かれる人はみな、神の子どもです」（八・一二～一四）。

聖霊なる神は、私たちの全存在に関わるお方です。全存在に関わるということは、生き方に関わるということです。つまり聖霊を受けた者は、肉に従って生きるのではなく、御霊に従って生きなければならないのです。

しかしコリントの信徒たちはそのような歩みをしていませんでした。それゆえパウロは彼らのことを「肉に属する人」と呼びます。そしてさらに「肉に属する人」を言い換えて「キリストにある幼子」とも言っています。ここで言う「幼子」とは、まだ一人前になっていないキリスト者のことを意味しています。まだ分別もつかない、幼い状態にあるということです。

幼子のままの信仰

コリントの信徒たちはまだ幼子である。それゆえパウロは二節でこう述べています。

「私はあなたがたには乳を飲ませ、固い食物を与えませんでした。あなたがたには、まだ無理だったからです。」

回心したばかりの人が、乳飲み子であるのは致し方ありません。しかし乳飲み子というのは、日々に成長するものです。コリントの信徒たちはそうなっていませんでした。彼らはなお、生まれて間もない赤子の状態にあったのです。

パウロが最初にコリントに来たとき、人々に説いた教えはまさに「乳」であったでしょう。「乳」とは、信仰の最も基本的知識、信仰の入り口であり、土台のことだと言えます。確かに人はまず、そのような乳によって養われなければなりません。最初から固い食物を食べることはできません。人はだれでも、最初はキリスト教の初歩的な教えをしっかりと身につけなければなりません。最初はだれも、乳を飲ませてもらわなければならないのです。パウロも、コリントで最初に伝道したとき、まずそのような「乳」を与えようとしたのでした。

しかし、人間の赤子も成長すれば、乳を飲むことから、歯で噛む食べ物へと変わるように、信仰者も乳から固い食物へと変わる必要があります。基礎的な知識だけではなくて、福音のもっている広さ、高さ、深さを教えられていく必要があるのです。

しかしここで気をつけていただきたいことは、「乳」と「固い食物」というのは、決して内容的に別のものではないということです。「乳」と「固い食物」という、別の福音、二つの福音があるのではありません。

イエス・キリストの福音は一つです。人を救うことができる福音は一つです。その福音の中心は決して変わりませんし、変わってはなりません。しかしそれがどのように教えられるか、提示されるかには、ある多様性があります。相手の状況によってふさわしい形で与える必要がある。幼子には「乳」として、大人には「固い食物」として、です。

幼い子どもたちには、主イエスのことを「やさしい先生」「道徳の先生」のように教えて、罪の問題や、十字架による救いのことをはっきり語らない、というのではいけないのです。福音の中心はどこまでも、イエス・キリストの十字架と復活です。ですからいつもそれを中心に教える必要があります。終末のことは難しいから今はやめておこう。三位一体は難しいから大きくなってからにしようと、勝手に教理を省略しないことです。

パウロは、使徒の働き二〇章でのエペソの長老たちとの別れのことばの中で「私は神のご計画のすべてを、余すところなくあなたがたに知らせた」(二七節)と述べました。神のご計画、神の教えのすべてを伝えることが、パウロの基本でした。そしてそれが私たちの基本でなければなりません。

対象によって、教え方に多様性があるのは当然です。しかし、たとえ子どもであったとしても、聖書の教理の全体を教えることが大切です。偏りなく教えることが大切です。偏食はいけません。そして福音の基礎的知識である「乳」から、同じ福音のさらなる広がりと深みのある「固い食物」へと進んでいく必要があるのです。

コリントの信徒たちは、最初にパウロから「乳」を飲ませてもらいました。そして通常は、そこから次第に「固い食物」へと進んでいくはずです。しかしそうはなりませんでした。パウロは二節で「私はあなたがたには乳を飲ませ、固い食物を与えませんでした。あなたがたには、まだ無理だったからです。実は、今でもまだ無理なのです」と言っています。彼らは固い食物を口にすることができませんでした。今もできないのです。最初は乳飲み子、幼子であるというのは当然ですし、仕方のないことです。しかし彼らはとっくにその状態を抜け出していなければならないはずでした。パウロが最初にコリントへ伝道に行って教会が誕生してから、すでに四年が経っています。とすれば、ある程度成長しているのが当然です。しかし、そうではありませんでした。

キリスト者とは、日々に成長するものです。パウロもそう信じています。幼子が食べ物を食べて自然と成長していくのと同じように、キリストにあって新しく生まれた幼子も成長していかなければ、おかしいのです。

しかしコリントの信徒たちは、いまだに固い食物を口にすることができませんでした。福音の深みを、高さ、広さを理解することができませんでした。初歩的な教えだけにとどまっていました。それはいったい何ゆえなのでしょうか。

はっきりしている一つのことは、コリントの信徒たちは自分たちが未熟であるとは決して思っていなかったことです。むしろ、自分たちは人よりも高い霊的段階に進んでいると思い込んでいました。非常な高ぶりがありました。誤った自己理解をもっていたのです。

ねたみと争い

コリントの信徒たちが未熟であることの表れとして、パウロは二つのことを指摘しています。一つは三節にあるように、彼らの間に「ねたみや争いがある」ことです。

「ねたみ」と訳されていることばの本来の意味は、「熱心、情熱、熱意」ということです。熱心、情熱そのものは悪いものではありません。しかし罪ある人間の熱心は、しばしば悪徳を生み出します。それが向けられる対象によっては、これは肯定的な意味ももちます。

パウロはローマ人への手紙一〇章で「私は、彼らが神に対して熱心であることを証ししますが、その熱心は知識に基づくものではありません」（二節）と述べています。この「彼ら」というのは、イスラエルのことです。彼らは熱心に神に仕えていたのですが、その熱心さが的を外していたのです。イスラエルは神に熱心に仕えていました。しかし、いつのまにか、その神に仕える熱心が、神の御子を殺すことになってしまいました。

教会内に起こる争いというものは、しばしば熱心から起こります。神への熱心から起こります。信仰をもって一生懸命神に仕え、それを実行したいと思う。自分の信仰の信念を貫きたいと思う。もちろん、そうした思いは尊いものです。しかし人間の熱心は、しばしばサタンによって利用されることも知っておかなければなりません。パリサイ派や律法学者たちが生まれた出発点も、神に対する純粋な熱心であったと言ってよいでしょう。しかしその彼らが、最後には主イエスに「わざわいだ」と言われる集団となり、さらには主イエスを殺す集団となったのです。

人間の熱心というものが、いつのまにか肉による争いに変わってしまう。信仰による戦い、真理のための戦いが、いつのまにか肉的な戦いに変わってしまう。肉の戦いを、ただ信仰や真理という名目で行っているということさえ起こるのです。

教会ではそういうことがしばしば起こります。ですから、熱心や情熱というものは、一方で、冷静にみことばによって律せられる必要があります。熱心や情熱がしばしば否定的結果を招くことから、この単語自身も「ねたみ」という意味をあわせもつようになりました。「ねたみ」というのは、仲間に対する敵意ある態度を意味します。歪んだ自己主張であり、自己愛です。

そして、教会で起こる問題の根底に、しばしばこの「ねたみ」があります。ねたみというのは、心の中のことですから、一見小さなことのように思えますが、実際はそうではありません。ねたみはその人自身を、また教会を深く蝕《むしば》んでいく元凶です。そして、結局そこから「争い」が生まれます。

この「ねたみと争い」が絶えないのが、コリント教会の状況でした。ですからパウロは、彼らはまだ乳飲み子の信仰にすぎないと言うのです。

ただの人から御霊に属する人へ

コリント教会が未熟であるもう一つの表れが分派を作ること、党派争いです。四節にあるように、「ある人は『私はパウロにつく』と言い、別の人は『私はアポロに』と言って」いました。パウロは、「私はパウロにつく」とか「私はアポロに」などという叫びが響くところにあるものは、この世の思いにすぎないと言います。分派があること自体、コリントの信徒たちが世的な原理で動かされている証拠だと彼は考えます。神の霊が支配しているのではないのです。

分派を作る心理というのは、その分派の中で、自分たちの存在意義を確保しようとする思いだと言ってよいでしょう。教会であるにもかかわらず、神の民としての一体感ではなくて、また、等しく神の民とされていることの喜びではなくて、他の人とは違うという人間的な喜びや満足を求めているということです。

分派を作って、自分たちで自分たちを誉め合い、高め、そして他の人たちを見下して、そこで自分たちの存在意義を確認しようとする。まさに歪んだ自己愛以外の何ものでもありません。そこでは、神との関係よりも、人間との関係のほうが重視されています。イエス・キリストによって等しく救われて、神の民とされたという福音の現実よりも、目に見える人間の現実を優先している。そしてその人間の現実にしがみついて、自分の存在意義を確保しようとしているのです。

このようなコリントの信徒たちのことをパウロは、「肉の人」「ただの人」だと言います。「ただの人として歩んでいる」というのは、単なる人間の動機や感情に従って歩んでいるということです。思いとことばと行いにおいて、回心以前の自分のあり方から抜け出ていないということです。いまだ肉に支配されており、生まれながらの人間の基準で考え、生活しているということです。

パウロはキリスト者のことを「御霊に属する人」と呼びました。御霊に属する人とは、この世の人ではありません。その人は、自己の内に宿る神の霊によって、新しい存在になっています。キリスト者は新しい被造物だとパウロは言いました（Ⅱコリント五・一七）。しかし、コリントの信徒たちはそうではありませんでした。神の霊に支配されているのではなく、この世の基準に従って判断し、行動している。そのため教会において、この世的な誇りによる権力闘争が起こっていたのです。

パウロはその彼らを「肉の人」「ただの人」と痛烈に批判しました。いまだに乳飲み子だと言いました。けれども私たちは、パウロと一緒になって、コリントの信徒たちを糾弾していればよいというわけではありません。私たち自身はどうなのでしょうか。「ねたみ」の思いに駆られることはないでしょうか。誤った熱心に心を奪われることはないでしょうか。また、党派心をもつことはないでしょうか。

「肉の人」とは、キリストの霊を受けていながら、この世の基準によって生きている人だと言いました。心が二つに分かれている人。神に対して心がまっすぐに開いていない人です。そういう人は、神のみことばを本当に聞くことができません。そして成長できません。私たちは決してこういう道を歩んではいけないのです。

私たちにとって一番大切なのは、まっすぐにキリストを信じて、キリストを主として従う思いをもつことです。キリストを救い主として信じるだけでなく、キリストを主としなければなりません。ここが大切です。この世の基準、自分の基準を主としているならば、キリストを主としているとは言えません。キリストを、心の王座に迎えているのでなければ、本当の意味でキリストを信じているとは言えないのです。

しかし、キリストを主とし、王として心に迎え、みことばに聞き続けるならば、私たちは確実に成長することができます。エペソ人への手紙四章一三節にあるように、「私たちはみな、神の御子に対する信仰と知識において一つとなり、一人の成熟した大人となって、キリストの満ち満ちた身丈にまで達する」のです。

私たちは「一人の成熟した大人となって、キリストの満ち満ちた身丈にまで達する」ように召されています。そのためにも、イエス・キリストを主として、キリストのことばに聞き続けていくのです。

12 成長させてくださる神

〈Iコリント三・五〜九〉

「アポロとは何なのでしょう。パウロとは何なのでしょう。あなたがたが信じるために用いられた奉仕者であって、主がそれぞれに与えられたとおりのことをしたのです。私が植えて、アポロが水を注ぎました。しかし、成長させたのは神です。ですから、大切なのは、植える者でも水を注ぐ者でもなく、成長させてくださる神です。植える者と水を注ぐ者は一つとなって働き、それぞれ自分の労苦に応じて自分の報酬を受けるのです。私たちは神のために働く同労者であり、あなたがたは神の畑、神の建物です。」

福音宣教者はしもべにすぎない

コリント教会には分派争いがありました。分派争いの原因として、パウロは二つのことを指摘しています。第一は、彼らが福音の本質を正しく理解していないことです。福音の理解が浅いために、この世と同じレベルで教会でも分派が生じていたのです。

分派争いの第二の原因は、福音宣教者というものを正しく理解していなかったことにありました。「私はパウロにつく」「私はアポロに」などと、彼らは福音宣教者への帰属意識をもって分派を形成していました。福音宣教者というものを、そういうものとしてとらえていたのです。

これを今日の問題に置き換えるならば、教会における牧師の位置の問題です。教会にとって牧師とはどういう存在か。教会員が牧師をどういう存在として意識しているかということです。また牧師自身が、自分の存在を教会の中でどのような存在として位置づけているかということです。

コリント教会に限らず、教会で様々な問題が起きる場合、しばしばこのことが根底にあります。教会員が、過度に牧師に依存し、帰属するということ。それによって信仰を保とうとすること。また牧師のほうも、神に対してではなくて、自分のほうに信徒を引きつけてしまうということです。

教会員の信仰にとって、牧師の存在が大きすぎてはなりません。牧師に依存し、帰属意識をもつことで、神信仰に生きていると考えてはなりません。信仰はあくまで、神と自分との関係です。人に対してではなく、神に対する健全な意味での緊張関係が必要です。牧師はその関係の中に、直接的な位置をもつことはないのです。

しかしコリントの信徒たちは、そのような神との関係に生きていませんでした。福音宣教者への帰属意識をもって、それで信仰しているような思いになっていた。パウロに対する帰属意識、アポロに対する帰属意識をもって、それが信仰だと思い、党派争いをしていました。福音宣教者というものがいったい何であるかが、基本的に分かっていなかったのです。

その彼らに対して、パウロは五節で呼びかけています。

「アポロとは何なのでしょう。パウロとは何なのでしょう。あなたがたが信じるために用いられた奉仕者であって、主がそれぞれに与えられたとおりのことをしたのです。」

パウロはここで、自らやアポロといった福音宣教者とはいったい何であるかを端的に記しています。それが「奉仕者」ということばです。これはディアコノスということばで、後には教会の職務としての「執事」を意味することばでもありますが、ここではそうではありません。ここでの意味は、召使い、しもべ、仕える者ということです。福音の宣教者は、給仕であって、主人ではない。牧師は「しもべ」であって、教会の主人、支配者ではないのです。

確かに、コリントの信徒たちはパウロとアポロの働きによって信仰に導かれました。しかし彼らの働きは、五節にあるように、あくまで主から与えられた分に応じてなされたものにすぎませんでした。神から賜物を与えられたがゆえに、それを用いて宣教しました。彼ら自身が生来もっていたものによるのではないのであって、それゆえ、彼らが称賛に値するわけではありません。

教会は神のもの、神に属するものです。その神の教会のために用いられた人間は、神の道具にすぎません。それゆえ、指導者を崇めて争っているコリントの信徒たちは、まさに愚かなのです。そしてそれは、教会にとって破壊的なことをしていると言わなければなりません。

神は確かに牧師・伝道者を用いて、信じる人々を起こされます。ですから、牧師の務めはたいへん尊いものです。教職というものは、神が立てられたものとして重んじられる必要があります。しかし、教職の権威、牧師の権威は、その人自身に起因するのではありません。その人は神から遣わされた「しもべ」なのです。「しもべ」というのは、単に人間に仕える「しもべ」ということではありません。神に仕え、神の教会に仕える「しもべ」です。そして、神に遣わされた「しもべ」としての権威をもつにすぎません。

それゆえ、牧師は決して教会の主人、教会の頭《かしら》ではありません。教会の主人、頭はキリストのみです。このキリストが、牧師・伝道者を用いて御業をなさる。必要な賜物を与えて、ご自身の業を遂行されるのです。

成長させてくださるのは神のみ

六節以下でパウロは、以上のことを、農業を例にして説明します。「私が植えて、アポロが水を注ぎました。しかし、成長させたのは神です。ですから、大切なのは、植える者でも水を注ぐ者でもなく、成長させてくださる神です」(六〜七節)。党派争いをしていたコリントの信徒たちは、パウロとアポロを対立的にとらえていました。しかしパウロは、ここでそれを明確に否定しています。確かにパウロとアポロは、異なった働きをしていました。パウロがここで自らの働きを「植える」ということばで表しているように、彼の主たる働きは開拓伝道でした。ローマ人への手紙一五章二〇節で、「キリストの名がまだ語られていない場所に福音を宣べ伝えることを、私は切に求めている」と言っているように、パウロはまだ福音を知らない地に出かけて行き、そこで福音を宣べ、教会を建てることに励んでいました。

一方のアポロはそうではありません。「水を注いだ」と言われているように、彼の働きは、開拓者の「次の働き人」としてそれを継承することでした。実際に、パウロによって開拓されたコリント教会を継承したのがアポロでした。使徒の働き一八章二七節、二八節にはこうあります。

「彼〔アポロ〕はそこに着くと、恵みによって信者になっていた人たちを、大いに助けた。聖書によってイエスがキリストであることを証明し、人々の前で力強くユダヤ人たちを論破したからである。」

このように、すでに信じていた人たちを助けたのが、アポロの働きでした。

「私が植えて、アポロが水を注ぎました」とあるように、パウロは両者の働きが一つであると示しています。同じ目的をもってなされたのです。確かに、具体的な働きは違います。賜物も違います。しかし、それは本質的に一つの働きなのです。

それゆえ、働きの外面の違いによって優劣を考えることは愚かだと言わなければなりません。教職、伝道者というのは、自分に固有の召しと課題をもっています。賜物も違います。都会で伝道する者と、田舎で伝道する者の課題は違います。教会行政に携わる者もいれば、神学校での牧師養成教育に携わる者もいます。またミッションスクールで聖書を教える働きもあります。働きは多様です。

しかし、それはいずれも神から割り当てられた務めを果たしているにすぎません。神の奉仕をしているということにおいて、これらの仕事は本来一体的なものです。その外面の表れで、評価してはなりません。それゆえ本質的に重要なのは、働き人のことではありません。コリントの信徒たちは、働き人のことばかりに心を奪われて、党派を作っていました。しかし教会にとって本当に大切なのは働き人ではありません。

パウロは七節で「大切なのは、植える者でも水を注ぐ者でもなく、成長させてくださる神です」と言っています。大切なのは、成長させてくださる神なのです。六節で「植えて」「水を注ぎました」と記されていた部分の動詞の時制は、過去の一回的な出来事を表すものです。それに対して「成長させた」の部分は、過去から現在までの継続的な動作を表す時制が用いられています。つまり、パウロの働き、アポロの働きは、過去の一回的なことでしかありません。しかし、神の働きは過去からずっと現在も継続しているのです。このような神の働きこそが重要なのであり、コリントの信徒たちは、この神の働きにこそ目を留めるべきなのです。

パウロはここではっきりと、人間の働きと神の働きを区別しています。パウロとアポロの働きなど、神の働きに比べると、全く取るに足りないものです。確かにパウロが植えました。そしてアポロが水を注ぎました。しかし、その植物が実際に根を張るかどうかは分かりません。パウロやアポロが根を張らせることができるわけではない。また彼らが、実を実らせることができるわけではありません。それができるのは神だけです。神の力だけです。

人間は確かに福音の種を蒔くことができますし、それが育つように配慮することもできます。しかし、福音のことばを本当に根づかせ、教会共同体を育み、育てることができるのは神以外にはいないのです。

牧師がどんなにがんばっても、人々の心の中に信仰をつくることはできません。また、その信仰を牧師の力で成長させることができるわけではありません。成長させてくださるのは神のみです。牧師がどんなに懸命にみことばを語ったとしても、聞いた人が同じように信仰をもつとか、同じように信仰が成長するというわけではありません。また牧師がどんなに牧会的に労苦したとしても、神が育ててくださらなければ、人が成長し、実を結ぶことはありません。

人間が信仰をつくり、それを成長させることはできません。できるのは神だけです。成長させてくださるのは神のみです。ですから働き人を崇めることは、空しいことだと言わなければなりません。

労苦に報いてくださる神

八節でパウロは再び、働き人について語っています。

「植える者と水を注ぐ者は一つとなって働き、それぞれ自分の労苦に応じて自分の報酬を受けるのです。」

パウロは植える者、アポロは水を注ぐ者と、働きの種類は違いました。しかしその働きは一つです。このみことばは、福音の宣教者の一致の大切さを教えていると言えます。みことばの宣教者は、召しと賜物の相違によって、具体的な働きは異なりますが、神の国の建設という一つの働きを担っているのです。

ですから教職者同士は、競争者ではなく、同労者です。一致して、共に働くことが大切なのです。そしてその教職者には、将来の報酬が約束されています。八節の後半でパウロは「それぞれ自分の労苦に応じて自分の報酬を受けるのです」と述べました。

報酬を受けるということは、教職者が決して主人ではなくて、「しもべ」であるということを表しています。また、教職者、牧師に報酬を与えてくださるのは神です。それゆえ牧師・伝道者は、人の評価ではなく、神の評価だけを信じて、務めに励む必要があります。

一つ心に留めておきたいことは、彼らが受け取る報酬は「それぞれ自分の労苦に応じて」与えられるということです。「成果」に応じてではありません。人の目に見えるもの、そして人によって評価されるものが「成果」です。神の報酬は、そのような「成果」に従って与えられるのではありません。

報酬は、神の前におけるその人の「労苦」によります。福音宣教者の働き方は多様です。ですからその働きを、目に見える成果で測ることはできません。まして、数字で測ることなどできません。神からの報酬は、神の御前における働き、その労苦に従って与えられるのです。

これは決して、福音宣教者だけに当てはまることではないでしょう。神がキリスト者を評価する方法だと言ってもよいでしょう。主イエスがマタイの福音書二五章のタラントのたとえで語られたように、一人ひとりに与えられているタラントの大きさは違います。この世ではその大きさが評価の対象、問題になるでしょう。しかし神の御前では、それが問題ではありません。

問題は、神から与えられたタラントを生かして生きるか否かにあります。神に感謝して、神のためにそれを生かして生きることです。そうであれば、たとえこの世における評価は小さなものであったとしても、神は、その神への真実をしっかりと見ておられます。そして「良い忠実なしもべだ」と誉めてくださいます。

私たちはだれしも、他者の評価が気になります。しかし一番大切なことは、神の御前に生き、神の御前に奉仕することです。神は、ご自身に対する真実な奉仕とその労苦に正しく報いてくださるお方です。

あなたがたは神の畑

パウロはこの部分のまとめとして九節で次のように述べています。

「私たちは神のために働く同労者であり、あなたがたは神の畑、神の建物です。」

短い節の中に、「神」ということばが続けて三回出てきます。パウロは、神こそが重要であるということを、最後に訴えているようです。コリントの信徒たちは、「人」のことを重視していました。神を崇めるべき教会で、人を崇め、人に帰属することで信仰に生きているつもりになっていました。

しかし、大事なのは人ではなく神です。すべてのものは、神から発し、神によって成り、神に至ります（ローマ一一・三六）。すべてのものは、神のものなのです。

けれども、その神が人を用いてくださるのです。全能の主である神は、自らの力ですべてのことをすることがおできになります。しかしあえて神は人を用いてくださるのです。パウロもアポロもその神によって召され、「神のために働く同労者」でした。ですから彼らにとって、人のことは本質的なことではありません。召された神の御前に奉仕するのであり、神ご自身が彼らを通して働かれるのです。

福音宣教者がこういう存在であるとすれば、これは必然的に、教会の信徒との関係を規定することになります。パウロはここで「あなたがたは神の畑、神の建物です」と言いました。コリントの信徒たちは「神の畑」なのです。神のものなのです。とすれば、伝道者と信徒の関係は、あくまで神を媒介とした関係になります。生身の人と人との直接的な関係ではありません。

コリント教会で起こっていた問題の根底にこのことがありました。彼らはいわば、神抜きで人間集団を作っていたのです。ことばとしては、神、キリスト、信仰ということばが用いられていたでしょう。しかし、実際は肉による人間集団でした。この世の集団と質的に変わるものではなかった。神にあって結びつく関係ではなかったのです。指導者との関係もそうでした。神を中心とした、神を媒介として形成される集団ではありませんでした。ですから党派なのです。

それに対してパウロが最後に言っているのは、「あなたがたは神の畑だ」ということです。神の所有だということです。だから、人ではなくて、神のことを考え、神の視点から見なければいけないということなのです。

パウロもアポロも神によって遣わされた働き人にすぎません。神の視点でとらえ直さなければならない。この世の知恵でなお教会を動かそうとしていた人に対して、神の知恵で生きるようにパウロは訴えているのです。

パウロは彼らのことを「神の畑だ」と言いました。「畑」とは収穫のための場所です。私たち一人ひとりは、不毛な土地にすぎないでしょう。しかし、神は私たちをご自身の畑と呼んでくださいます。畑が実を結ぶのは、ただみことばと御霊によります。そのみことばの奉仕のために、牧師は遣わされているのです。

神の視点で、教会をとらえ、働き人をとらえることが大切です。この世の知恵で、それをとらえてはなりません。そしてそのすべてのことは、私たちが神の畑として豊かに実を結ぶためです。

教会は神の畑です。それは豊かな実を結ぶためにあります。そのために神は、牧師をはじめ、必要な人を立て、賜物を与えてくださっています。その神に信頼して、私たちは生きるのです。神のみこころは、私たちが豊かに実を結ぶことです。イエス・キリストの教会に真実に繋がるならば、だれしも豊かに実を結ぶことができます。そして、教会を通して、神の栄光が現されるのです。

13　教会の土台であるキリスト

〈Ⅰコリント三・一〇～一五〉

「私は、自分に与えられた神の恵みによって、賢い建築家のように土台を据えました。ほかの人がその上に家を建てるのです。しかし、どのように建てるかは、それぞれが注意しなければなりません。だれも、すでに据えられている土台以外の物を据えることはできないからです。その土台とはイエス・キリストです。だれかがこの土台の上に、金、銀、宝石、木、草、藁で家を建てると、それぞれの働きは明らかになります。『その日』がそれを明るみに出すのです。その日は火とともに現れ、この火が、それぞれの働きがどのようなものかを試すからです。だれかの建てた建物が残れば、その人は報いを受けます。だれかの建てた建物が焼ければ、その人は損害を受けますが、その人自身は火の中をくぐるようにして助かります。」

パウロが据えた土台の上に家を建てる

九節でパウロは教会を「神の畑、神の建物」と呼びました。この「教会は神の建物」ということについて、彼はさらに議論を展開させます。一〇節前半でこう言っています。「私は、自分に与えられた神の恵みによって、賢い建築家のように土台を据えました。」パウロはコリントにおける自らの働きを、このことばに集約しています。彼の働きは、コリント教会の土台を据えたことでした。つまり、教会の基礎を築いたのです。けれども、パウロはそれを自らの考えや力によってしたのではありません。彼の働きは「自分に与えられた神の恵み」によるものでした。自らの力、自らの知恵によるのではなく、神の力と恵みによりました。神の委託に基づいて、神の知恵によって、彼は働いたのであり、彼は用いられる器にすぎませんでした。彼自身に特別な価値があったわけではありません。

しかしパウロは自らのことを「賢い建築家」と言っています。直訳すれば、「知恵ある建築家」です。パウロ自身が単なる器であって、無価値であったからといって、彼がした仕事が未熟なものであったのではありません。彼の仕事はまさに「賢い建築家」の仕事でした。それゆえ、彼によって据えられた土台は、堅固な、しっかりとしたものなのです。

パウロのことばによって、ここで二つのことが示されています。それは、パウロの据えた土台の確かさと、またそれを据えたパウロ自身が何ら讃えられる者ではない、ということです。

パウロは賢い建築家であって、未熟な仕事はしていません。ですから彼によって据えられた土台は立派なものです。しかし、その栄光は彼に帰せられるものではありません。パウロはあくまで「自分に与えられた神の恵みによって」働きました。ですから、その栄光はただ、神に帰されるべきなのです。

教会は神の建物ですから、本来、神ご自身が建てられるものです。しかし、神が建てられるのであるから、人は何もしなくてもよいのかと言えば、そうではありません。神は通常、人を用いて働かれるのです。

では、人間が働くのであるから、不十分でも、下手でも仕方がないと開き直ることができるのでしょうか。それはできません。パウロは自らを「賢い建築家」と言って憚《はばか》りませんでした。それだけの奉仕をしたのです。しかしそれは、自らの知恵や力に頼ってしたのではありません。パウロは「自分に与えられた神の恵みによって」奉仕しました。人間の知恵ではなく、神の知恵によりました。ですからパウロは自らの栄光を求めることはありません。ただ神に栄光を帰します。こうして、人が用いられつつも、神の御業として教会が建て上げられていくのです。

このようにして、パウロはコリント教会の土台を据えました。そして続いて「ほかの人がその上に家を建てる」のです。彼は、「しかし、どのように建てるかは、それぞれが注意しなければなりません」と述べています。

パウロの働きを引き継いで教会を建てるという意味で、ここでまず念頭に置かれているのは、みことばの宣教者、牧師・伝道者であると言ってよいでしょう。教会を建てる中心的働きをするのは、確かに牧師・伝道者です。

それゆえ、「どのように建てるかは、それぞれが注意しなければなりません」は、第一に、そうした伝道者に向けた警告と読むことができます。しかしこのことばは、伝道者だけに向けられたものではありません。「それぞれ」ということばによって、個々人の責任が問われています。確かに教会形成において牧師・伝道者は中心的な働きをしますが、彼らだけが問題ではありません。教会形成はすべての信徒が関わるものです。

また、狭い意味での教会形成だけでなく、神の国の建設ということも考えるならば、私たち一人ひとりの生き方、生活全体にもこれは適用されうるでしょう。つまり、私たちキリスト者の生き方は、いわば土台の上に家を建てることだと言えるのです。家を建てることが、私たちが生きるということなのです。

では、どのように建てるべきなのでしょうか。パウロが言うように、私たちはそれぞれが「どのように建てるか」に注意しなければなりません。では、何に注意しなければならないのでしょうか。

教会の土台はイエス・キリスト

パウロは「どのように建てるか」について、大きく二つの注意事項を挙げています。第一は、土台についての注意事項です。一一節にこうあります。

「だれも、すでに据えられている土台以外の物を据えることはできないからです。その土台とはイエス・キリストです。」

土台について、パウロはここで三つのことを言っています。第一は、教会の土台は唯一である、キリスト者の土台は唯一であるということです。

真の教会を建てるために、土台となり得るものは一つしかありません。他のものを土台として家を建てることができないというわけではありません。しかし、土台を間違えたならば、そこに建てられたものは神の神殿にはならない、教会にはならないのです。教会の真の土台はただ一つしかありません。

第二に、土台はすでに据えられているということです。神の恵みによって、委託によって働いたパウロによって、コリント教会の土台はすでに据えられていました。それは神によって据えられたと言ってよいでしょう。ですから、今から自分たちが土台を選んで据えることはできないのです。

コリント教会で起こっていたのは、この事態でした。分派争いが起こっていたのは、土台を変えようとしていた人がいたからです。パウロはそれを見過ごしにすることはできません。彼らを再び、福音の根源に立ち返らせようとしているのです。

第三に、これが中心的なことですが、教会の土台はイエス・キリストであるということです。これに代わるものはありません。しかし、イエス・キリストが土台であるとは、そのスローガンが重要なのではなく、中身が問題です。イエス・キリストという名目だけの問題ではなくて、彼をどのような方として信じているかが問題なのです。

パウロはこの手紙で繰り返して、「十字架につけられたキリスト」と述べました。十字架のキリスト、十字架の福音が、教会の土台なのです。キリストの十字架による罪の贖い、罪からの救い、それが教会の土台です。

イエス・キリストを単なる偉人と考えたり、また偉大な道徳や倫理の教師と考えることはたやすいことです。それなら、この世の多くの人たちにも受け入れられやすいでしょう。しかし、イエス・キリストは救い主である、イエス・キリストの十字架によって自らが救われるとなると、話は別です。パウロが繰り返して言ったように、それは多くの人にとって、この世の知恵にとっては愚かなことです。ばかげたことです。しかし、そう信じるのでなければ意味はありません。「十字架のことばは、滅びる者たちには愚かであっても、救われる私たちには神の力です」(一・一八)。そしてパウロは「イエス・キリスト、それも十字架につけられたキリストのほかには、何も知るまいと決心して」(二・二)、十字架の福音を語りました。それが教会の土台だからです。また一人ひとりのキリスト者の土台だからです。

十字架の福音以外に土台はありません。これを土台としなければ、真の教会は決して建ちません。イエス・キリストが真の意味で救い主として信じられるのでなければ、教会は教会とならないのです。

土台にふさわしく教会を建てる

教会という家を建てるうえでの第二の注意事項は、この土台の上に建てる「建て方」の問題です。土台は一つですが、その上に建つ建物は別です。多種多様なものがあり得ます。一二節には、「金、銀、宝石、木、草、藁」という六つの建築材料が挙げられています。土台は一つであっても、どんな建築材料を使うかが問題なのです。

土台は一つであっても、その上にいかに建てるかが問われるということは、建てる者の責任は重いということです。では、これらの建築材料は何を意味しているのでしょうか。六つの建築材料が挙げられていますが、これは大きく二つに分かれます。それは「金、銀、宝石」という燃えにくい材料と、「木、草、藁」といった燃えやすい材料です。つまり、二つの種類の人たちのことが、ここには示されているわけです。燃えにくい高級な材料と、燃えやすい材料。問題は、土台にふさわしい材料は何であるかということです。建物は、土台に合うように建てなければなりません。土台の性質にふさわしく、土台に規定されて、建てられなければなりません。

教会の土台はイエス・キリストです。イエス・キリストこそが、教会の主、教会の頭《かしら》です。ならば当然教会は、イエス・キリストのみこころに添って、建て上げられなければなりません。イエス・キリストのみことば、聖書のことばに従って、建て上げられなければなりません。

教会の営みが、人間の思いや好みに支配されてはいけないのです。人間の要望や、人間の批判に支配されてはなりません。神のことばに支配されなければならない。みことばの教えにしたがって、教会は建て上げられなければならないのです。人間の知恵によるのではなく、神の知恵によるということです。

いつの時代も教会は、様々な誤った教えにさらされ、時代の支配的な空気によって揺さぶられてきました。しかし私たちは、どんな時代であっても、土台を見失ってはなりません。そしてその土台にふさわしく教会を建てる必要があります。神のみことばの土台の上に、しっかりと建て上げられる必要があるのです。

終末を見据えて今を生きる

こうして私たちキリスト者は教会という家を建てます。教会形成をします。さらに一人ひとりの生き方も、同様に「家を建てること」と考えることができます。

そして聖書が語るのは、いずれ私たちの働きの真価が問われる時が来るということです。私たちの教会形成、また私たちの働き、私たちの生涯と言ってもよいかもしれませんが、それが本当のところどんなものであったかが明らかになる時が来るのです。パウロは一三節でこう言っています。

「それぞれの働きは明らかになります。『その日』がそれを明るみに出すのです。その日は火とともに現れ、この火が、それぞれの働きがどのようなものかを試すからです。」

私たちのすべての働きが明るみに出されるのは「その日」です。それはキリストの再臨の日、終末の審判の日です。キリスト者にとって、この日は、主イエス・キリストと出会う最高の喜びの日ですが、同時に、それは神の民がなした業がさばかれる時でもあります。では、「その日」に具体的に何が起こるのでしょうか。パウロは、火が現れて、その火が、私たちの働きがどのようなものかを試す、と言います。「試す」と訳されていることばは「検証する」という意味で、よく検査し、本物であるか否かが調べられるということです。この火によって、私たちの働きの真価が明瞭になります。本来の性質が現され、ありのままの姿が明らかにされるということです。

逆に言うならば、その時までは、各自の働きの本当の正体は分かりにくいということです。人の目に映っていることと、神の目に映っていることは同じではありません。この世の評価と神による真の評価は異なります。この世においては、真理と偽りが逆転することさえあります。ひどい欠陥住宅でも、見た目は本当に立派に見える場合もあります。しかしそのすべては、「その日」には明らかになるのです。

信仰とは、神に対して生きることです。神に対して責任をもって生きることです。ですから、それに対して、神による評価や判断があるのは当然だと言えます。それゆえ私たちは、畏れをもって、「その日」の吟味を見据えつつ、今という時を生きる必要があるのです。今現在の評価、人の評価は当てになりません。将来の、イエス・キリストに出会う時を見つめて、今の生き方を整えることが大切です。

私たちは今、どのような教会を建てているのでしょうか。建てるべきなのでしょうか。まず、今の自分たちが満足できる教会を建てるのではいけません。終わりの日に試されて、耐えうる教会を建てるのでなければならない。そういう実質をもった教会を建てる必要があります。

そして、実質を伴って、健全に成長することが大切です。成長するということは、数量的にもある程度の前進はあるでしょう。なぜなら、成長しない体は病んでいるからです。しかし、言うまでもなく教会の実質は数量では測れません。

そして、終わりの日を見据えるということは、現在ではなく、将来に目を向けるということです。それゆえ、次の世代、また次の次の世代へと、実質的に繋がる教会を形成しなければなりません。そのために、今しなければならないことは何なのか。そのことを問いつつ、歩んでいく必要があるのです。

報いを受ける生き方

一四節、一五節には、この終わりの日に明らかになる二つの評価が記されています。「だれかの建てた建物が残れば、その人は報いを受けます。だれかの建てた建物が焼ければ、その人は損害を受けますが、その人自身は火の中をくぐるようにして助かります。」最後の試練に耐える働きをなした者は報いを受けます。金、銀、宝石をもって家を建てた者は、本人も救われ、またその仕事も残って、報酬を受ける。タラントのたとえ話にあるように、主イエスから「良い忠実なしもべだ」とのお褒めのことばをいただけるのです。

しかし、その仕事が最後の火で燃え尽きてしまった人は「損害を受けます」。「木、草、藁」で建てた場合、その家は火で焼け落ちてしまい、仕事は残りません。その仕事は、この世で一時的な意味しかもち得なかったのであり、神の前には価値のないものでした。ですから、報酬は受けられません。「良い忠実なしもべだ」とのお褒めのことばにはあずかれません。

しかしその人は、違う土台の上に家を建てたわけではありませんでした。つまり、その働きはともかく、キリストを信じていましたので、一五節にあるように、救いにはあずかることができるのです。家は焼け落ちても、そこから逃げる者のように、「その人自身は火の中をくぐるようにして助か」るのです。

主イエスが私たちに求めておられるのが、報いを受ける生き方であるのは言うまでもありません。神のことばに従って、イエス・キリストに結びついて生きるならば、私たちの労苦が無駄になることはありません。主に従って生きるならば、私たちの地上の営みは、永遠的な意味をもっています。主イエスは、報いを受ける生き方を私たちに望んでおられます。

14　神の宮である教会

〈Ⅰコリント三・一六～一七〉

「あなたがたは、自分が神の宮であり、神の御霊が自分のうちに住んでおられることを知らないのですか。もし、だれかが神の宮を壊すなら、神がその人を滅ぼされます。神の宮は聖なるものだからです。あなたがたは、その宮です。」

信仰の基本を大切にする

パウロはここで、教会とは何であるかを端的に示します。

「あなたがたは、自分が神の宮であり、神の御霊が自分のうちに住んでおられることを知らないのですか」（一六節）。

「あなたがたは……知らないのですか」と問いかけていますが、ここには「当然、知っているはずでしょう」という意味が含まれています。

「教会が何であるか」ということは、キリスト者の基本的知識と言えます。パウロがコリントで伝道し、教会形成をした際に、彼らに「教会とは何であるか」を教えなかったはずはありません。必ず教えたはずです。しかし今や、コリントの信徒たちの多くの者が、それを忘れてしまったとしか思えないような行動をしていました。教会でパウロやアポロの名前を使って分派を作り、対立していることなどは、まさに彼らが教会の本質を見失っていた証拠でした。もし「教会とは何であるか」を本当に知っていたならば、決して生じない事態でした。

しかも彼らは、自分たちは知恵のある者だと考えていました。人一倍優れたキリスト者だと思っていました。それゆえパウロは、「あなたがたは、このことを知らないのか」とやや強い調子で問いかけているのです。

信仰には、基本的知識が大切です。もちろん、信仰者は成長して、乳を飲むところから、固い食物を食べるようになる必要があります。しかしそれは、基本的知識を卒業して、別の知識に移っていくということではありません。むしろ、基本的知識そのものの深みが増していく。それが深みと広がりをもつようになるということです。

それゆえ、信仰の基本的知識が忘れられ、曖昧になるとき、信仰はゆがみ、また教会でも問題が生じることになります。コリント教会で起こっていたことはまさにそれでした。パウロが教えた福音の本質、教会の本質が曖昧になっていました。それゆえ、神の知恵に代わって、この世の知恵が幅を利かせるようになったのです。

私たちにとって大切なことは、繰り返して福音の基本に立ち返ることです。繰り返して原点に立ち返る必要があります。十字架の福音に立ち返り続ける必要があるのです。

教会は神の宮

パウロはここで「あなたがたは神の宮です」（一七節）と述べました。「あなたがた」とはコリント教会のことです。パウロは、キリスト者個々人を「神の宮」と呼ぶと同時に、信仰共同体であるコリント教会のことも「神の宮」と呼んでいます。

そして「宮」と訳されていることばは、神殿の中の「至聖所」を指すことばでもあります。ソロモンが建てた神殿の一番奥に「至聖所」がありました。そして「至聖所」には神の契約の箱があり、その上には一対のケルビムがあって、主なる神はその間から特別に語りかけられるとされていました。またこの「至聖所」は、大祭司が年に一度しか入ることができない、最も聖なる場所であったのです。

そのような特別な神の臨在の場所、それが「至聖所」でした。神殿の中心です。そしてそれがコリント教会だとパウロは言うのです。教会は決して、人間の勝手気ままな集団ではありません。人間が自分の都合で集まって作っているところではありません。教会が神の宮であるということは、神が特別に現臨される場所である、ということです。人間のものではなく、神のものであるということです。

パウロがこの手紙を書いたのは、紀元五四年から五五年ごろですが、そのころはまだエルサレムに神殿があり、神殿としての機能を果たしていました。エルサレム神殿がローマによって破壊されるのは紀元七〇年です。

そして、ユダヤ人にとって、エルサレム神殿は世界の中心であり、神の臨在される場所にほかなりませんでした。パウロはユダヤ人ですから、この「神の宮」ということばが、どれほど重い意味をもっているかよく知っていたはずです。そのパウロが、異邦人が大部分を占めるコリント教会を「神の宮」と呼んだのです。これは驚くべきことです。

エルサレム神殿は、壮大な神殿でした。弟子たちが主イエスに対して「なんとすばらしい石、なんとすばらしい建物でしょう」（マルコ一三・一）と讃えたように、見る人を圧倒する建築物でした。そしてユダヤ人たちは、その神殿の、見た目の圧倒的存在感に神の臨在を覚え、神の民ユダヤ人への神の変わらない寵愛の確かさを感じ取っていました。

それに対してコリント教会はどうでしょうか。まず教会の建物はありません。当時の教会は、人が集まることのできる比較的大きな家で礼拝を守っていました。しかしそれでも、一か所に集まれるのはせいぜい二〇人程度であったと思われます。コリントにはそういった集まりがいくつかありました。それらがコリント教会であったのです。小さな群れです。しかしパウロはそのような群れこそが「神の宮」だと言ったのです。見た目では、エルサレム神殿とコリント教会は比較になりません。しかしパウロは、コリント教会こそが「神の宮」だと言いました。つまりパウロは、教会が神殿に取って代わったと主張しているのです。

ではなぜパウロは、教会が神殿に取って代わったと断言することができたのでしょうか。それは、教会にこそ神の霊が住んでおられると確信していたからです。一六節に「あなたがたは、自分が神の宮であり、神の御霊が自分のうちに住んでおられることを知らないのですか」とあるとおりです。当時の教会は建物もありません。ですから見栄えというものはまったくありません。しかし、神の臨在はもはやエルサレム神殿に制限されることはないのです。

かつては、神は神殿に住まわれると考えられていました。しかし今や、石造りの神殿ではなく、神の新しい神殿であるキリスト者の共同体の中に住まわれるのです。それゆえ、教会が教会である根本的理由は、神の霊、すなわち聖霊が共同体に生きておられるという点にあります。

聖霊降臨の後、神は御霊によって、神の民のうちに、すなわち教会に住まわれるようになりました。そしてそこでご自身の恵みの御業を行い、栄光を現してくださるのです。

では、個々の教会が神の宮であるとは、どのような意味をもつのでしょうか。「神の宮」と呼ばれますが、実際に神がそこに住まれるという意味ではありません。パウロがアテネで説教したように、「神は、天地の主ですから、手で造られた宮にお住みにはなりません」（使徒一七・二四）。しかしその神があえて教会を「神の宮」と呼んでくださるということは、神は教会の中で、特に礼拝で、私たちと出会ってくださるということです。主イエスが「二人か三人がわたしの名において集まっているところには、わたしもその中にいるのです」（マタイ一八・二〇）と約束されたことが、まさに教会で、礼拝において現実になるのです。

確かに、私たちキリスト者一人ひとりに、聖霊は内住しておられます。そして私たちは、ひとりで神を礼拝し、神と出会うことができます。それは確かなことです。しかしパウロは、神の御霊は教会に住まわれると言います。つまり、個々人が一対一で神を拝するのとは違う意味で、キリスト者が集まるところには、神が臨在されるのです。とりわけ主の日の礼拝において、神は私たちと出会ってくださるのです。

この世界の中で、このようにして神の御業を拝し、栄光の主と出会うことができる場所は教会しかありません。その意味で、まさに教会こそが「神の宮である」と言えるのです。そして、教会は何より、神礼拝を通して神と出会う場、神の栄光を共に拝することができる場として、つまり「神の宮」として、整えられていく必要があるのです。

神の宮を壊してはならない

教会の本質がこのようなものであるがゆえに、その教会を堕落させたり、傷つけたりする者に対して、パウロは厳格に対処します。パウロは一七節でこう言っています。

「もし、だれかが神の宮を壊すなら、神がその人を滅ぼされます。」

神の宮を壊す者、すなわち教会を壊す者に対する神のさばきが語られます。教会は神の宮ですから、それを壊す者は軽い罰ではすまないのです。

では教会を壊すとは、いったいどういうことでしょうか。それは一言で言えば、教会が本来もっている性質と反する行為を教会で行うということです。神の戒めにかなわないことと知りながら、それを教会で行うということです。

宗教改革者のカルヴァンは、教会を壊すということについて、「人間が神に代って教会内に支配をふるおうと、のさばり出てくるような場合」だと述べています（『カルヴァン新約聖書註解Ⅷ　コリント前書』九一頁）。

教会の頭《かしら》、主人はイエス・キリストのみです。それゆえ、神の御前では本質的にすべての人が平等であり、このキリストのみを共に礼拝し讃えることが大切です。しかし、そのキリストの座、神の座に人間が取って代わろうとする。人間が支配を振るい、人間が讃えられるようになる。そうなれば、教会は壊れていくのです。牧師や長老といった教会の役員は、教会を人間的に支配することを許されている人たちでは決してありません。役員は、神の定められた秩序の中で、神の支配を教会で行うために、神によって召されて奉仕する者にすぎません。その意味で、牧師も含めて本質的に神の前にはみな平等です。牧師や長老が教会員の上に立って支配できるのではありません。ただ、神の支配のために、しもべとして奉仕する務めが与えられています。そしてその務めのゆえに、彼らは教会で尊ばれるにすぎないのです。

パウロは、「もし、だれかが神の宮を壊すなら、神がその人を滅ぼされます」と言いました。これは、神による終末的なさばきを指しています。この「壊す」と訳されている動詞と「滅ぼされる」と訳されている動詞は、同じ動詞です。つまり、神による処罰は、決して恣意的なものではなく、その人がした行為に見合ったものであるということです。その人がした神の宮を壊す行為が、そのまま自らに罰として返ってくるということです。神の宮の破壊者は、神によって破壊されます。私たちが神の宮である教会をどう扱うかによって、神が私たちをどう扱われるかが決まると言えるのです。神の宮である教会に、私たち一人ひとりがどう向き合い、どう関わるかというのは、それほどに重大な意味をもっているわけです。

パウロは「神の宮を壊すなら、神がその人を滅ぼされます」と言いました。非常に厳しいことばです。そしてこれは、一二節から一五節に出てきたふさわしくない材料で家を建てた人とも異なります。彼らは「木、草、藁」といった燃えやすい材料で家を建てました。しかし土台を変えたわけではありませんでした。パウロが据えた十字架の福音という土台は堅持しました。しかしその上に、自分の思いにしたがって家を建てました。それゆえ、その家は一時的な意味しかもたずに、最後には燃え尽きてしまいました。彼らは自分勝手に家を建てたため、その働きはこの世的な意味しかもちませんでした。しかし、彼らは土台は変えなかったので、彼ら自身は救われると一五節で言われていました。

しかし、ここで出てくる「神の宮を壊す人」は「救われる」とは言われていません。「滅ぼされる」と言われています。教会を壊すとは、それほどのことなのです。土台を覆して、十字架の福音以外のものをそこに据えるならば、さばきは免れない、とパウロは言います。それは、神のものを人間のものに変えてしまう行為にほかならないからです。神の家を人間の家に変えてしまうことにほかならないからです。

ではなぜ、神の宮を壊すことはそれほどに罪深いことなのでしょうか。パウロはその理由として、一七節で「神の宮は聖なるものだからです」と述べています。神の宮は聖なるものです。究極的な意味で聖なるお方は、神のみです。しかし聖書では、その神と特別な関係をもつ人やものも「聖なるもの」と呼ばれます。教会はまさにその意味で、聖なるものです。

聖なるものと思いなさい、ということではありません。客観的な意味で、聖なるものなのです。聖性をもっているのです。そして客観的に聖なるものであるから、私たち教会に集う者たちはいよいよ聖さを求めて生きる必要があるのです。私たちは、神がご自身の御用のために取り分けてくださった者たちです。神のものとされた者たちです。聖別された者たちです。ならば、それにふさわしく生きる必要があります。

聖別された者として、自分自身を聖く保つ必要があります。また、聖別された者の群れとして、教会は聖さを求めていく必要があります。神に愛され、召された者同士として、互いを尊重し、愛し合う必要があります。聖い交わりを築いていく必要があるのです。

あなたがたは神の宮である

「神の宮は聖なるものだからです」と語ったパウロは、続いて「あなたがたは、その宮です」と述べています。ここでは「あなたがた」というところに強調点があります。あなたがたの本質は何であるかをパウロは強調しているのです。

自分たちが何者であるかを自覚することが大切なのです。私たちは個人にしろ、教会共同体にしろ、いろいろな側面から、それを説明することができるでしょう。教会といっても、確かに罪人の集まりですし、多くの欠点や弱さをもっています。そして、そういう面から教会共同体を説明することももちろんできます。しかし、それが教会の本質なのか、本質的な教会の定義なのかと言えば、そうではありません。

パウロは、教会の本質は神の宮であることだと言いました。「あなたがたは神の宮だ」と言いました。その自覚を促しました。そこから始めなければならないのです。

教会の現状についての説明のことばが、どんなに正しいものであったとしても、それが教会の出発点にはなりません。教会には具体的にこんな欠点がある、問題がある。それを正しく知ることはもちろん大切です。しかし、それが教会の出発点になるわけではありません。

教会の出発点は、教会は神の宮であるということです。教会は常に、ここに立ち返る必要があります。私たちの所属している教会は神の宮です。神の神殿です。また自分たちの内に、神の霊が、聖霊が住んでおられます。そしてここで神が私たちと出会ってくださる。この恵みの事実に畏れをもって立つところから、教会の改革も、教会の前進もあるのです。

「あなたがたは神の宮である」とパウロは言いました。もちろん、神は遍在されるお方ですから、どこにでもおられます。しかし、その神があえて教会を神の宮と呼んでくださったのです。教会をこそ、ご自身の特別な恵みの対象として選んでくださったのです。そして、教会において、主なる神は特別な恵みをもって臨在され、恵みの御業をなしてくださるのです。教会でなされる礼拝の中で、また聖礼典によって、神は私たち一人ひとりに確かな恵みを与えてくださいます。そして一人ひとりを取り扱ってくださいます。

それゆえ、この神の宮を離れた信仰生活というものはあり得ません。信仰者というのは、神の宮に組み入れられて初めて、信仰者になると言ってもよいのです。それほど、信仰者にとって教会は重要な意味をもつのです。

15　あなたがたはキリストのもの

〈Ⅰコリント三・一八～二三〉

「だれも自分を欺いてはいけません。あなたがたの中に、自分はこの世で知恵のある者だと思う者がいたら、知恵のある者となるために愚かになりなさい。なぜなら、この世の知恵は神の御前では愚かだからです。『神は知恵のある者を、彼ら自身の悪巧みによって捕らえる』と書かれており、また、『主は、知恵のある者の思い計ることがいかに空しいかを、知っておられる』とも書かれています。ですから、だれも人間を誇ってはいけません。すべては、あなたがたのものです。パウロであれ、アポロであれ、ケファであれ、また世界であれ、いのちであれ、死であれ、また現在のものであれ、未来のものであれ、すべてはあなたがたのもの、あなたがたはキリストのもの、キリストは神のものです。」

自分を欺いてはいけません

知恵の問題が、コリント教会にある分派争いの主要な原因でした。パウロはここで、その問題についての一応の結論に至ります。一八節でパウロは言います。

「だれも自分を欺いてはいけません。」

コリント教会には、自分たちが知者であり、自分たちがもっているこの世の知恵が、教会でもそのまま有効であると思い込んでいる人たちがいました。パウロはそのような人たちを念頭に、「自分を欺いてはいけません」と言っています。知恵を誇る者たちは、自分を欺いていると言うのです。

自分を欺くとは、本当の自分を見失っているということです。ありのままの自分を知らない、知ろうとしていない、ということです。それゆえこの「自分を欺いてはいけません」という命令は、自己検討の勧めでもあります。私たちは、自分を欺くのではなく、本当の自分を知り、それを受けとめる必要があります。では、本当の自分を知るのは、いかにして可能なのでしょうか。

ここで「欺く」と訳されていることばは、「だます」「惑わす」「誘惑する」という意味をもつことばです。私たちの周りには、自分をだまし、惑わす誘惑が満ちています。自分の本当の姿を見えなくする惑わしが満ちています。ローマ人への手紙七章一一節には、「罪は……私を欺き」とあります。私たちの内なる罪が、自分自身を欺いて、自分の本当の姿を見えなくさせています。また、コリント人への手紙第二の一一章三節に「蛇が悪巧みによってエバを欺いたように」とあるように、「蛇」と言い表されているサタンが、いつも私たちを欺こうとしています。さらにパウロがテサロニケ人への手紙第二、二章三節で「どんな手段によっても、だれにもだまされてはいけません」と命じているように、私たちは、自分の周りにいる他者によって欺かれる危険があります。

私たちはだれしも、自分をだまし、欺く誘惑に囲まれています。囲まれているだけでなく、自分自身の内なる罪が、いつも自分を欺こうとしています。ですから、自己評価というものはそれほど当てになるわけではありません。また、他者の評価も当てにはなりません。

そういったものに振り回されて、結局、本当の自分を見失っている。本当の自分から目をそらして、自分を欺いて生きている。パウロはそれをやめなさい、と言うのです。「自分を欺いていけません」と言うのです。自分を欺かないためには、確かな尺度で自分を測る必要があります。その確かな尺度とは、神の尺度、神の評価です。

自分の評価、他者の評価によって自分を支えるのではなく、神の評価によって自分を支える必要があります。自分の評価や他者の評価は、究極的な確かさをもちません。罪によって歪められている場合が多いのです。それによって惑わされて、結局自分を見失うということもあるのです。

ことばを換えて言うならば、パウロが命じているのは、永遠なる神の御前にひとりで立ちなさいということです。そこでは、もはやごまかしは効きません。肩書きも、人による名声も意味をもちません。言い訳も成り立ちません。ただ神の御前に正しく評価されるのです。

その神の御前に生きなさい、ということです。この生ける神に、心がまっすぐに向いていないとき、「欺き」が起こります。自分自身を見失い、そして見失っていることさえ分からないという状況に陥ることになります。

愚かになりなさい

コリントの信徒たちは、具体的にはどのように自分を欺いていたのでしょうか。一八節の後半にあるように、彼らは「自分はこの世で知恵のある者だ」と考えていました。自分たちは知者だと、うぬぼれていました。そのような彼らを念頭に、パウロは命じました。

「知恵のある者となるために愚かになりなさい。」

たいへん逆説的なことばです。しかし、ここに真理があります。本当に知恵のある者となるためには、また真の知恵を得るためには、どうしても「愚か」というものを通らなければならないのです。愚か者にならなければならないのです。

すなわち、この世の知恵と、本当の知恵である神の知恵とは、異質なものであるということです。この世の知恵の延長線上に、神の知恵があるのではありません。この世の知恵を駆使して追求していけば、神の知恵を獲得することができるのではありません。それでは絶対に神の知恵を獲得することはできない。

神の知恵を得るためには、愚か者にならなければなりません。つまり、この世の知恵を誇り、この世の知恵によって生きてきた自分の愚かさを知らなければなりません。それまでの自分の生き方、あり方というものを捨てて、へりくだらなければなりません。

イエス・キリストの十字架の福音は、この世の知恵からすれば愚かなものです。あの二千年前に、パレスチナの地で十字架につけられて殺された一人の男を、自分の救い主と信じ、あの十字架を自分の罪の贖いと信じることなど、この世の知恵からすれば、真に愚かとしか言いようがありません。しかし神は、その宣教の愚かさを通して、神の民を救うことを良しとされました。ですから、この世の知恵に頼る者は、福音を信じることはできないのです。この世の知恵によって自分を支え、それに誇りをもって生きているならば、神の知恵を受け入れることはできません。その生き方を捨てて、まさに「愚か者」にならなければ、すなわち、神の御前に一切の誇りを捨てて、へりくだるのでなければ、神の知恵を得ることはできないのです。

この世の知恵は、決して人を救いに導くことはできません。この世の知恵で、神を知ることはできません。真の神を知り、救いにあずかるためには、愚か者にならなければならない。自分の無知と無力を知り、認めて、へりくだらなければならないのです。そして、ただイエス・キリストによって与えられる福音を受け入れることによって、真の救いへと導かれるのです。

この世の知恵は神の御前では愚かである

一九節でパウロは、「この世の知恵は神の御前では愚かだからです」と言います。パウロはこの手紙で、繰り返してこのことを語ってきました。神の知恵は、この世の知者には隠されており、この世の知恵は神の御前では愚かなものにすぎないのです。

しかしこれは決して、この世の知恵がすべての点で、無意味だとか有害だとか言っているのではありません。宗教改革者のカルヴァンはこう言っています。

「すべての学問も、神の賜物である。しかし、それらの賢さには、限界がある。それらによって、天上の神の御国にまで入りこむことはできないからである。だから、それらは、はしためとしてとどまるべきであって、主人になってはならないのである。それのみか、それらが、神の御言葉と聖霊にまったく従うものとならないうちは、むなしいもの・無価値なものとみなされるべきだからである」（『カルヴァン新約聖書註解Ⅷ　コリント前書』九二頁）。

人間社会にある知恵や知識には意味がありますし、ある意味で重んずべきものです。しかし、それがどんなに優れていても、それで真の神を知ることができるかといえば、できないのです。それで救いにあずかることができるかといえば、できないのです。この世の知恵で救われようとすることは、全く愚かなことであり、真の救いにあずかりたい者は、この世の知恵に頼ることを捨てなければなりません。

これは決してパウロの個人的な意見ではありません。それは旧約聖書がすでに語っていたことです。それを立証するために、一九節、二〇節でパウロは二つの旧約聖書のみことばを引用しています。一九節の「神は知恵のある者を、彼ら自身の悪巧みによって捕らえる」は、ヨブ記五章一二節、一三節の引用です。これは、知恵ある者たちが、人を陥れようとした悪賢い罠に自ら陥るように、神は取り計らわれるという意味です。神の知恵は、自らの知恵を誇る者たちの狡猾さを用いて、彼らを捕らえるのです。この世の知恵は、結局、自分の罠となるのであって、自ら墓穴を掘ることになるということです。

また二〇節の「主は、知恵のある者の思い計ることがいかに空しいかを、知っておられる」は、詩篇九四篇一一節の引用です。当時のギリシアでは、ストア哲学の賢者たちが、その知恵こそこの世で最高のものであると誇っていたといわれます。パウロはそれを意識しているのかもしれません。パウロにとっては、そうしたこの世で最高のものであっても、あくまでこの世の知恵にほかならず、神の前にはまったく空しいのです。

ここに「知恵のある者の思い計ること」とあるように、主は、彼らの心の中の思いを見抜いておられます。神は一人ひとりの心の中の思いをご存じです。神の前に覆い隠せるものはありません。神は、人のもろもろの思いが空しいものであることをご存じなのです。

それゆえ、この世の知者が誇りとする知恵も、その行き着く先は不毛さでしかありません。この世の知恵は結局過ぎ去っていくものであり、空しい、とパウロは言うのです。

だれも人間を誇ってはいけません

このように、パウロは一八節から二〇節で、この世の知恵を決定的に拒否しました。それは空しいと断言しました。そして、この「この世の知恵」が生み出していたものが、人間的な誇りでした。この世の知恵とは人間の知恵ですから、結局それは、知恵をもつ人間を誇ること、人間に頼ることと一体です。それゆえ、パウロは続いてこう命じています。

「ですから、だれも人間を誇ってはいけません」（二一節）。

「誇る」とはいったいどういうことでしょうか。私たちは何を自分の誇りとしているのでしょうか。「誇ること」は「頼ること」と一体です。つまり、自分が誇りとしているものに、結局その人は頼っているのです。その意味で、誇りは、その人の本当の拠りどころを明らかにします。その人が生きている本当の基盤が何であるかを明らかにします。

ですから、たとえば、自分がたくさんお金や財産を持っていることを誇りとするならば、その人が本当に頼っているのは、お金や財産ということになります。自分が過去に成し遂げた仕事を誇りとするなら、その過去の仕事の業績がその人の本当の拠りどころになっているということです。

聖書は「誇ること」そのものが悪いことだとは言いません。問題は何を誇るかです。キリスト者には、持って良い種類の誇り、持つべき誇りというものがあります。パウロはガラテヤ人への手紙の中で、「私たちの主イエス・キリストの十字架以外に誇りとするものが、決してあってはなりません」（六・一四）と述べました。また、このコリント人への手紙第一の一章でも「誇る者は主を誇れ」と語りました（三一節）。さらに、ピリピ人への手紙の中でパウロは、自分はイエス・キリストを誇りとしている、と述べています（三・三）。

イエス・キリストの十字架だけに拠り頼んでいたパウロは、イエス・キリストだけを誇りとしました。人間を誇らない、人間的な要素を誇りません。それらは拠り頼むに値しないからです。

しかし、コリントの信徒たちは人間を誇っていました。分派が生まれて対立していたというのはそういうことです。彼らは、自分がある指導者と特別な関係にあることを誇りに思っていました。それがパウロ派であり、アポロ派であり、ケファ派です。それはもちろん指導者の側が望んだことではありません。彼らが勝手にある指導者との関係の特別性を誇って、それによって自分を高めようとしたのです。だれだれ先生の弟子であるということを誇りにして、党派を作っていました。人を誇っていた彼らは、結局、人に拠り頼んでいたということです。そして人に拠り頼んでいるということは、本当に神に拠り頼んでいるのではないのです。

そこでパウロは、彼らが捕らわれている誇りの空しさを明らかにしようとします。二一節後半に突然、「すべては、あなたがたのものです」とありますが、この文章の前には「なぜなら」という語があります。つまり、「だれも人間を誇ってはいけません。なぜなら、すべては、あなたがたのものだからです」と続きます。すなわち、誇ってはならない理由が記されているのです。

コリントの信徒たちは、自分の特定の先生に執着して、それで自分を支え、自分を豊かにしようとしていました。つまり、「自分はパウロ先生の弟子です」と語ることによって、自分を高めようとしていました。「自分はあの高名な先生の弟子だ」と語ることで、自分を高めようとする。それはこの世の中で多くあることだと思います。しかしパウロは、そうすることで、人が豊かになることはないと言います。むしろ、彼らは豊かになるどころか、自らを貧しくしているのです。

なぜなら、「すべては、あなたがたのもの」であることを忘れているからです。キリスト者は、ローマ人への手紙八章一七節にあったように、キリストとの共同の相続人としてすべてのものを受け取ります。キリスト者はまさに「すべては、あなたがたのものです」と言われるほどに、すべてのものを持っています。

しかし、コリントの信徒たちは、自分たちの小さなつまらない誇りによって、それを台無しにしています。人間に固執し、それによって自分を高めようなどという愚かな自己主張によって、かえって自分たちを貧しくしています。彼らは、キリスト者に与えられている本当の豊かさを見失っていました。つまらない自己顕示欲、誇りのゆえに、キリストによって与えられる大きな宝から、自らを遠ざけていたのです。

あなたがたはキリストのもの

二二節には、この「すべて」のことが例示されています。コリントの信徒たちは、「私はパウロに」「私はアポロに」「私はケファに」と言って、人間にすぎない教師に固執し、それを誇っていました。彼らに属することで、自分を高めようとしていました。

しかしパウロは、その教師たち「すべてはあなたがたのもの」だと言います。つまり、教師があって、信徒があるのではないのです。むしろ、信徒のために教師はいるのであり、その意味で、教師は信徒のものなのです。

またパウロは「世界であれ、いのちであれ、死であれ、また現在のものであれ、未来のものであれ、すべてはあなたがたのもの」だと言っています。

「世界」というのは、キリストを知らない者にとっては、自分ではどうすることもできない現実を意味します。しかし、キリスト者にとっては、世界は偶然の産物ではありません。神が造られ、その神が今も支配しておられる場所です。また世界は、イエス・キリストの十字架によって、神と和解させられたのであり、それゆえキリスト者にとって世界とは、神の栄光を現すための舞台と言えるのです。

「いのち」と「死」、これもキリストを知っている者と知らない者では、意味が根本的に違います。キリストは死に勝利された方です。そのキリストに結びついている者も、死に勝利できます。パウロが「死ぬことは益である」と断言したように、死は終わりではなく、栄光への入り口となったのです。

続く「現在のものであれ、未来のものであれ」、それらも神の恵みの支配の中にあるものです。私たちは、明日、何が起こるかわかりませんが、明日も、私を愛していてくださっている恵みの神のご支配の中にあることを知っています。その意味で、キリスト者の特権は、今も、そして将来も続きます。

ここに列挙された、世界、いのち、死、現在、未来というのは、通常は、人間を取り囲んで支配しているものです。人間の力では、どうしようもないと思われるものです。受身で受け入れるしかないものであり、人間はしばしば、それらの偶然に思える暴力的な力に翻弄されます。

しかしパウロは、キリスト者にとっては、意味が根本的に違うと言います。「世界であれ、いのちであれ、死であれ、また現在のものであれ、未来のものであれ、すべてはあなたがたのもの」である。つまり、キリスト者は、万物の所有者である神の子どもであるがゆえに世界の主人であり、生と死の奴隷ではありません。また、現在も未来も支配される全能の神を父としてもっています。それゆえ、ローマ人への手紙八章二八節に記されているように、ご計画にしたがって召されたキリスト者には、万事が益となるように共に働くのです。神はすべてのことを用いて、私たちの益となるように導いてくださいます。

このように信仰者は、また信仰者の共同体である教会は、まさに大いなるものを所有しています。しかしそれはただ、信仰者がキリストのものであるということに基づいています。

「あなたがたはキリストのもの」（二三節）とパウロは言います。それが、キリスト者が本当に豊かな者である唯一の理由です。ですから私たちは、ただキリストの前に生きることが求められているのです。

そしてパウロは最後に、「キリストは神のものです」と言います。すべての頂点としての神ご自身を指し示して、この議論を閉じています。

「あなたがたはキリストのもの」だとパウロは言いました。つまり、信仰者になるというのは、キリストのものになるということです。自分が自分のものではなくなるということです。人生の苦しみは結局、自分を自分のものと考えることから生まれているのではないかと思います。自分で自分を背負って、もがき苦しんでいる。自分の力で何とかしようとして苦しむのです。

しかし、もはや自分は自分のものではありません。キリストのものです。そこに、本当の救いがあるのです。「キリストのもの」だと言ってくださるということは、主イエスが責任を取ってくださるということです。その主に信頼する者は幸いなのです。

16 私をさばくのは主

〈Ⅰコリント四・一～五〉

「人は私たちをキリストのしもべ、神の奥義の管理者と考えるべきです。その場合、管理者に要求されることは、忠実だと認められることです。しかし私にとって、あなたがたにさばかれたり、あるいは人間の法廷でさばかれたりすることは、非常に小さなことです。それどころか、私は自分で自分をさばくことさえしません。私には、やましいことは少しもありませんが、だからといって、それで義と認められているわけではありません。私をさばく方は主です。ですから、主が来られるまでは、何についても先走ってさばいてはいけません。主は、闇に隠れたことも明るみに出し、心の中のはかりごとも明らかにされます。そのときに、神からそれぞれの人に称賛が与えられるのです。」

神の奥義の管理者

パウロは四章に入り、改めて、神の視点から福音の宣教者とは何であるかを明らかにします。コリントの信徒たちは、パウロとアポロとケファを比較して、だれが優れているかを評価し、それによって自分たちの党派を作っていました。しかし、そういうことが誤りであることを明らかにします。

「人は私たちをキリストのしもべ、神の奥義の管理者と考えるべきです。その場合、管理者に要求されることは、忠実だと認められることです」（一～二節）。

パウロは自分たち福音の奉仕者を、ここで二つのことばで表現しています。一つが「キリストのしもべ」、もう一つが「神の奥義の管理者」です。

「キリストのしもべ」と訳されていることばは、いやしい仕事をする下僕を意味します。つまり福音の宣教者は、キリストの下僕であって、主人であるキリストの命令を受けて、ただこれを遂行する者であるということです。その人は主人に口答えできません。そういう関係ではありません。宣教者はただ、主人であるキリストから命じられたことを行うのです。

もう一つは「神の奥義の管理者」です。この管理者（オイコノモス、英語ではスチュワード）と訳されていることばは、主人から財産の管理を委ねられた奴隷を意味します。大家族の家政の責任を任される者で、責任ある立場です。人の上に立って、日々の用務の指揮をする者です。しかしその人自身は、主人に従属している存在で、身分は奴隷である場合が多かったのです。

主人の下で、多くの責任を負って、委ねられた務めに励む者。それがここで言う「管理者」です。それゆえ、福音の宣教者は、主人であるキリストのもとで、責任と務めを与えられて励む者なのです。

そして彼らに委ねられているのが「神の奥義」です。人間の救いのための神の計画と言ってよいでしょう。つまり、イエス・キリストの十字架の福音です。イエス・キリストの福音を宣べ伝えることが、福音の宣教者に委ねられた務めです。福音を伝えることが委ねられているのであって、自分の意見や思想を広めるのではありません。あくまで、主人から委ねられた神の知恵である福音を広め、分配するという責任があるのです。

主人から務めと責任を委ねられたのが「管理者」ですから、二節にあるように「管理者に要求されることは、忠実だと認められることです」。「忠実だ」と訳されていることばは、誠実である、信頼に値する、真実であるという意味です。管理者は何よりも、主人から与えられた務めに対して誠実であり、真実である必要があります。信頼に値する者でなければなりません。

福音の宣教者に何より求められているのは、そのような誠実さ、忠実さです。主人がキリストであり、委ねられているのが「神の奥義」なのですから、これはある意味では当然と言えるでしょう。福音の宣教者は、主人であるキリストに対して忠実であり、そしてキリストの民である教会に対して誠実でなければなりません。福音の真理を、割り引かず、また水増しせず、歪曲せずに、まっすぐに伝える必要がある。福音の真理、みことばの真理以外のことを教えてはならないのです。

パウロは、福音の宣教者をこのような「管理者」と呼びましたが、実はこれは、牧師や伝道者だけに当てはまることではありません。聖書は、すべてのキリスト者をこのような「管理者」と呼んでいるからです。ペテロはその第一の手紙の中でこう言っています。「それぞれが賜物を受けているのですから、神の様々な恵みの良い管理者として、その賜物を用いて互いに仕え合いなさい」（四・一〇）。

私たちは一人ひとり、主人である神から賜物を授かっています。それを管理する責任と務めとを与えられています。ですからすべての人は管理者なのです。主人に対して責任を負っているのです。そして、管理者に要求されるのは忠実であることです。賜物を与えてくださった主人であるキリストに対して誠実でなければならない。信頼に値する者である必要があるのです。

福音宣教者の場合は、その務めは福音をまっすぐに語ることでした。賜物が異なるように、その務めも一人ひとり異なります。問題は人と比較しての優劣ではありません。問題は主人に忠実であるかどうかです。賜物と務めを与えてくださった主人であるキリストに対して、誠実であるかどうかです。そのことだけが私たちには問われています。

人の評価や自己評価に生きない

こうしてパウロは、福音の宣教者とはキリストのしもべであり、福音の管理者であることを明らかにしました。それが福音宣教者の本質です。それゆえ福音宣教者である彼は、人間の行うさばきには服さないと、次のように語るのです。

「しかし私にとって、あなたがたにさばかれたり、あるいは人間の法廷でさばかれたりすることは、非常に小さなことです」(三節)。

パウロはキリストのしもべであり、キリストから委ねられた務めに対して、キリストへの責任に生きる者ですから、コリントの信徒たちのさばきや一般の人々が行うさばきは、自分にとって何の重要性もない、と言います。

ここで「さばく」と訳されていることばは、調べる、識別する、正確に判断するという意味のことばです。コリントの信徒たちは、そのような人間による識別、人間による評価に重きを置いていました。自分たちで、使徒たちを評価して、それによって分派を作っていました。しかしパウロはそのような人間による評価を退けます。

パウロは神に仕える者です。真の神、主イエスだけが主人です。パウロは確かに教会にも懸命に仕えました。しかし、教会の信徒が主人なのではありません。ですから、コリントの信徒たちがどう思うか、またほかのだれかがどう思うかは、彼にとっては、全く取るに足らないことなのです。パウロはキリストのみに責任を負う管理者でした。それゆえ、コリントの信徒たちの人気を博することなど、全く問題ではありませんでした。

そしてパウロは、人の評価やさばきだけが問題ではないと言ったのではありません。三節の後半で続けて「私は自分で自分をさばくことさえしません」と述べています。パウロは、他者の評価が問題ではないというだけでなく、自分で自分をさばくこともしないと言うのです。自己評価も、他者の評価と同様に、重要ではないと言います。

私たちは、自分のことは自分が一番よく分かっていると考えて、いつも自分を評価して生きている存在だと思います。自分がどれだけ神に仕えてきたか、教会に役立ってきたか。そういうことを考える。そして、自分のしてきたこと、していることを評価して、いい気になったり、また落ち込んだりすることがあるのではないでしょうか。

しかし、パウロによれば、それらは意味のないことなのです。自分をさばくこと、自分を評価することは、本来自分がすべきことではありません。なぜ、すべきことではないのでしょうか。それは、結局そうした評価で自分を支えるようになるからです。他の人の評価、あるいは自分の自己に対する評価で、何とか自分を支えようとする。そういう生き方は、キリストに仕える者の生き方ではないとパウロは言います。他者の評価、自己評価で、自分を支えて生きるべきではないのです。

パウロのこの主張には、当時のギリシア哲学、とりわけストア派の哲学との対比が意識の中にあるように思われます。セネカなどのストア派は、自分を省み、調査することによって、自分の人格を成長させることを勧めていました。しかし、パウロはそうした哲学者とは違う道を示します。そして哲学者の勧めを批判します。つまり、たとえその自己吟味がどんなに誠実であったとしても、それが本質的な何かを生み出すことはない。むしろそれは、自己欺瞞や自己義認にも繋がるというのです。

もちろん、人の評価や、自己吟味、自己評価というものが、全く無意味であるとか、悪であるとパウロは言っているのではありません。問題は、他者の評価や自己評価に支えられる、それも根源的に支えられる人間になってはならないということです。それに捕らわれるとき、人は本当の意味で、神の前に生きることができなくなります。神の前ではなく、人の前に生きることになってしまいます。真の主人に対して生きる管理者でなくなってしまう危険があるのです。

やましくない良心に生きる

パウロは「自分で自分をさばくことさえしません」と言いました。ではこれは、自分のことを見つめたり、反省したり、そういうことを一切しないということなのでしょうか。

パウロは私たちに「鈍感な人間になれ」と言っているのでしょうか。自己吟味は必要ないと言っているのでしょうか。そうではありません。

パウロは四節で「私には、やましいことは少しもありません」と言っています。これは要するに、自分には良心の責めはない、良心の呵責はないということです。

パウロは良心に責められることがない生き方を心がけていました。つまり、キリストのしもべとして、良心的に生きていたのです。主人であるキリストとの関係に生きていました。

この点では、パウロはいつも自己を厳しく問うていました。その意味では、いつも自分を見つめて、吟味していました。良心的に、自らの主人であるキリストに忠実であろうと懸命に生きていたのです。それだけに集中していました。そしてその意味で彼は、良心に咎めがないと言うのです。「神の奥義の管理者」として、やましくない歩みをしていた。つまり、良心に恥じない働きをしていたのです。

同じ自己吟味といっても、ストア派の自己吟味とは違います。セネカの言う自己吟味は、自分によって自分を吟味するものです。吟味の基準は自分自身です。しかし、パウロの自己吟味は違います。ただキリストの前に自分を問うのです。キリストから与えられた賜物を生かして務めを果たしているかどうかを問います。ただキリストの御前における責任を問う。それが、パウロが言っている自己吟味です。

そしてパウロは「私には、やましいことは少しもありません」と言いました。良心に恥じない生き方をしていると言いました。しかし続いて四節の後半でこう言っています。

「だからといって、それで義と認められているわけではありません。」

つまり、良心の呵責がないからといって、それで神の前に義とされるわけではないということです。良心というものは、キリスト者が生きていくうえで非常に重要です。しかし、良心は絶対的で、最後の法廷になるわけではありません。良心的な咎めがなければ、それで神が義と認めてくださるというわけではないし、また逆に、良心の咎めを感じている人は神に義とされることはないと断言できるわけではないのです。

パウロはキリストの前に、いつも良心的に生きていました。神の御前に咎められることのない良心を保つこと、それはキリスト者の生き方の大原則と言えます。しかし同時に、パウロは良心が最後の法廷ではなくて、最後のさばきは主のものであるとはっきりと信じていました。

良心の法廷ではパウロは咎められません。しかし、四節の後半にあるように「私をさばく方は主」なのです。主人であるキリストだけが、しもべであるパウロをさばくことができます。キリストだけが、パウロの働きを評価することができます。ですから、コリントの信徒たちがさばくことなど、決してできません。さばきは主のものであって、あなたがたには関係がない、とパウロは言うのです。

本当の称賛を求めて

以上の議論を踏まえて、パウロは五節でまとめ的な命令をします。

「ですから、主が来られるまでは、何についても先走ってさばいてはいけません。」

主のさばきは、主が来られる時、主イエスの再臨の時になされます。しもべを評価し、さばくことができる資格をもつのは、主人であるキリスト以外にはいません。ですからだれも、この主に先走ってさばいてはいけないのです。先走ったさばきを行って、主イエスの大権を犯してはなりません。

そして主のさばきとはどのようなものであるかが、五節の後半に記されています。

「主は、闇に隠れたことも明るみに出し、心の中のはかりごとも明らかにされます。」

最後のさばきの日に、主は「闇に隠れたことも明るみに出」されます。闇というのは、新約聖書においては罪の現実、悪を指すものですから、ここでも邪悪な行為のことが特に言われているのかもしれません。いずれにせよ、隠れていることに光が照らされて、それが明るみに出されるのです。

さらにその日には、「心の中のはかりごとも明らかにされます」。詩篇一三九篇一～四節で詩人はこう歌いました。

「主よ　あなたは私を探り　知っておられます。

あなたは　私の座るのも立つのも知っておられ
遠くから私の思いを読み取られます。

あなたは私が歩くのも伏すのも見守り
私の道のすべてを知り抜いておられます。

ことばが私の舌にのぼる前に　なんと主よ
あなたはそのすべてを知っておられます。」

主は私たちのすべてを知っておられます。心の中も知っておられます。今は、主にしかそれはわかりません。しかし、最後のさばきの日には、それが明らかにされるのです。すべてが明らかにされるということは、それに基づいて公正なさばきがなされるということです。人間の評価・さばきはそうではありません。人は見かけを見るのです。外に現れたものでしか判断できません。

しかし主なる神はそうではない。主は心の内をも、隠されていることをも見て、明らかにし、さばかれるのです。それが主の再臨の時のさばきです。そのさばきによって、人にはふさわしい報いが与えられます。五節の最後でパウロは言っています。

「そのときに、神からそれぞれの人に称賛が与えられるのです。」

本当の評価、本当の誉れは、この時に与えられます。そして、この時に与えられる称賛だけが、永遠的な意味をもちます。ですから私たちは、その日を見つめて歩んでいくのです。永遠の誉れこそが、本当に求めるべき誉れなのです。

17　高ぶりの本質

〈Ⅰコリント四・六〜七〉

「兄弟たち。私はあなたがたのために、私自身とアポロに当てはめて、以上のことを述べてきました。それは、私たちの例から、『書かれていることを越えない』ことをあなたがたが学ぶため、そして、一方にくみし、他方に反対して思い上がることのないようにするためです。いったいだれが、あなたをほかの人よりもすぐれていると認めるのですか。あなたには、何か、もらわなかったものがあるのですか。もしもらったのなら、なぜ、もらっていないかのように誇るのですか。」

書かれていることを越えない

一章一〇節からパウロは、コリント教会における分派争いの問題について議論してきました。四章の六節から二一節は、これまでの議論全体のまとめと言うことができます。パウロは六節で言っています。

「兄弟たち。私はあなたがたのために、私自身とアポロに当てはめて、以上のことを述べてきました。」

パウロは、コリント教会にある分派争いの原因の一つが、彼らの教職についての無知、みことばの宣教者に対する無理解から来ていることを知りました。そこで三章以下で、教職について述べてきたのです。六節の「私自身とアポロに当てはめて、以上のことを述べてきました」というのは、三章五節から四章五節に記されているみことばの宣教者の位置や役割のことだと思われます。

パウロは、みことばの宣教者というのは、あくまで「キリストのしもべ」であると語りました。また、「神の奥義の管理者」であると語りました。管理者は主人から大切な働きを任されたしもべにすぎず、彼らには何より「忠実」が求められています。

パウロは、こうしたみことばの宣教者の性質と働きを、自分やアポロを例に出して語りました。しかし、パウロがコリント教会の信徒たちに伝えたかったのは、決してみことばの宣教者自体のことではありません。みことばの宣教者とはこういうものだ、パウロとアポロとはこういう存在だということを教えるのが、パウロの目的ではありません。

本当に語りたいのは、パウロやアポロのことでも、二人の関係のことでもない。語りたいのは、そして問いかけたいのは、コリントの信徒たちの姿勢なのです。分派を作って、いい気になっているコリントの信徒たちの姿勢。それをこれまでは、少し遠回しにパウロやアポロのことを例に出して語ってきましたが、ここからは率直に語ろうというのです。

パウロがコリントの信徒に伝えようとしていることが二つありました。

第一は、「私たちの例から、『書かれていることを越えない』ことをあなたがたが学ぶ」ということです。「書かれていることを越えない。」これは格言やことわざのようにも思えますが、よく分かりません。そしてこの「書かれていること」とは何かが議論になりますが、パウロはしばしばこの表現で旧約聖書に言及していますから、これは旧約聖書を指していると考えるのが適当だと思われます。つまり、聖書に書かれていること以上に出ない、聖書を超えないということです。

コリントはギリシアの大都市です。そしてギリシア人たちは、一般的に知恵を誇りとしていました。その傾向はコリント教会にも及んでいたようです。つまり、コリントの信徒たちは、この世の知恵や哲学を尊重していました。そして彼らからすれば、パウロが語る福音はあまりにも単純に思えたのです。

十字架の福音は単純すぎるように感じました。それゆえ彼らは、その単純な福音に、自分たちの哲学を付け加えていったのです。「書かれていること」、つまり聖書を踏み越えていきました。「聖書を乗り越えよ」というスローガンさえあったと言われます。それがまた熱狂主義をも生みました。聖書を超えることが自由ならば、人間の宗教的熱狂に歯止めがかけられることはないからです。また、聖書に自分たちの哲学を加えるとすれば、その哲学の教師である人間が重視されることになります。人間が高められることが起こるのです。パウロは、コリント教会にある具体的な問題の根元に、この「聖書を超えようとする彼らの姿勢」があることを見抜いていました。神のことばとの関係が正しくなかったために、具体的な問題を生じていたのです。

このことはそのまま私たちにも当てはまることです。私たちの信仰の性質を決定的に規定するのは、私たちが神のことばである聖書とどういう関係をもっているか、ということです。神のことばと自分との関係。つまり、どのような姿勢で聖書を読んでいるかということです。

コリントの信徒たちは、聖書を超えて、それに当時の哲学を付け加えていました。神のことばである聖書を越えるということは、神よりも人間のほうが賢いと考えていることにほかなりません。この場合、人は聖書に聞き従うのではありません。聖書の下に立つのではありません。むしろ聖書の上に立って、聖書を評価している。自分の尺度で聖書を判断するのであり、いわば自分が聖書に従うのでなく、聖書を自分に従わせているにほかなりません。

コリントの信徒たちがしていたように、聖書を超えて、それに当時の哲学を付け加えるということは、自分を基準にして、聖書をそれに従わせることです。その場合、聖書はもはや信仰と生活の規範ではありません。

そしてこのことはそのまま、神と自分との関係を表しています。聖書は神のことばですから、神のことばをどう読むかという姿勢が、そのまま自らの神に対する姿勢を表していきます。神に従って生きようとする者は、へりくだって、聞き従う姿勢でみことばを聞きます。しかし、自分を中心に生きる者は、そういう姿勢でみことばを聞くことはありません。そして、へりくだってみことばを聞くのでなければ、決してみことばを正しく読むことはできません。みことばに対する関係が誤っているならば、聖書を読むことは何ら益にならないのです。

それゆえ、この「書かれていることを越えない」ということばは、私たちのスローガンにすべきことばであると言えます。「聖書の教えていることを超えない」という分別と慎みが私たちの信仰には決定的に大切です。私たちの内的な思想においても、また外的行動においても、聖書に記されていることを超えないことです。みことばの下に立ち、へりくだりの姿勢でみことばを聞くことです。それが私たちの神への基本的姿勢を整えるのであり、信仰生活を健全なものとするのです。

すべては神の賜物

パウロがコリントの信徒たちに教えようとしたもう一つのことが、六節後半にあります。

「一方にくみし、他方に反対して思い上がることのないようにするためです。」

「一方にくみし、他方に反対する」ことと、自分が「思い上がる」ことは別のことのように思えますが、そうではありません。「一方にくみし、他方に反対する」ということは、そういう判断力が自分にあると考えているということです。ここでいう「一方」「他方」というのは、みことばの宣教者のことであり、コリント教会での分派のことを指しているわけですが、そういう教職者たちを判断できる力が自分にあると思っているのです。それはまさに高ぶりにほかなりません。

パウロは、コリントの信徒たちが分派を作っていることの背後に、彼らの高ぶりがあることを見抜いていました。しかし高ぶりというのは、自分に自信がないことの裏返しでもあります。自分の不安の裏返しでもあります。ですから、自分が依存し、帰属できる人を見出して、その人を担ぎ出すことで、自分を支え、また自分を高めようとするのです。

ありのままの自分を本当に受け入れることができている人、神によって受け入れられているがゆえに、自分も自分を受け入れて安心している人は、いたずらに人に依存することはなくなります。それで自分を支えたり、高めたりする必要はないからです。ですから、神との関係がどういうものであるかということが、高ぶりや謙遜と深い結びつきがあるのです。

コリントの信徒たちの大きな問題は、その高ぶりにありました。六節で「思い上がる」

と訳されていることばは、新約聖書の中で七回用いられている動詞ですが、そのうち六回は、このコリント人への手紙第一で用いられています。パウロは明らかに、この動詞がコリントの信徒たちに特別によく当てはまるとみなしていました。この動詞の直接的な意味は「ふくらむ」「膨れ上がる」ということです。コリントの信徒たちは膨れ上がっていたのです。分派を作って、いい気になっていた。高慢の罪の中毒に陥っていました。その彼らに対して、パウロは鋭く切り込んでいくことになります。それが七節です。

「いったいだれが、あなたをほかの人よりもすぐれていると認めるのですか。」

これまでパウロは「あなたがた」と複数形を用いて書いてきました。しかしここで突然、「あなた」と単数形になります。これは一人ひとりに強く問いかけるためと言ってよいでしょう。いや問いかけるというより、問いつめるといってもよい強さがここにはあります。

ここは直訳すれば、「だれがあなたを特別視するのか」です。これはパウロの痛烈な皮肉とも言えます。「だれがあなたを特別視するのか。」「だれもいるわけがない」と続くのです。パウロは、高ぶって、いい気になっている彼らに対して、彼らの主張には全く根拠がないことを暴露します。ですからこれは、「そんなに思い上がっているけれども、あなたはいったい自分を何様だと考えているのか」という意味なのです。

パウロは「あなた」と単数形を使って、厳しく切り込みました。これは言い換えれば、分派を作って、いい気になっている彼らを、ひとりで神の御前に立たせようとしているということです。四章四節にあったように、人をさばくのは主です。ですから人は、人との関係以上に、神との関係によって規定されます。もちろん人との関係も大切です。しかし、はるかに大切なのは神との関係なのです。人との関係ばかりに心を奪われていると、結局、本当の自分を見失うことになります。

ですからパウロは、厳しい問いかけのことばで、彼らを神の前に立たせます。「いったい、自分を何様だと思っているのか」と神の御前で問うのです。彼らは結局、自分で勝手に自分を他の人よりもまさっていると思い込んでいるだけでした。そこには何の根拠もありません。根拠もないのに、いい気になっているだけではないか、とパウロは言うのです。厳しい問いかけです。

そして輪をかけるようにして、パウロは彼らの高ぶりの愚かさを指摘します。

「あなたには、何か、もらわなかったものがあるのですか。」

何もないではないか。すべては神から受けたものではないか、ということです。私たちに与えられているものはすべて、神から与えられたものです。まず霊的な賜物がそうです。悔い改めと信仰に導かれたこと、そして、イエス・キリストの救いにあずかり、義とされ、子とされ、聖とされたこと。霊的な知識を与えられ、また永遠の希望の約束を与えられていること。そのすべては、神の恵みの賜物です。何ひとつ自分の努力で獲得したものではありませんし、わずかでもそれを獲得するために、自分が貢献したということもありません。

与えられたものは、こうした霊的賜物だけではありません。私たち一人ひとりの体も、命も、健康も、才能も、財産も、地位も、それらもまた神から与えられたものにほかならないのです。財産や地位ということになりますと、私たちは、こうしたものは自分の努力や勤勉によって獲得したと思いやすいのです。しかし、聖書的に言うならば、こうした一切のものもまた神から与えられたものです。

神が与えてくださらなければ、この体も才能もありません。神が支えて、導いてくださらなければ、それらを生かして生きることもできません。ですから、財産も地位もまさに神の賜物にほかならないのです。

私たちは、命も存在も生活も、神からいただいたのです。もちろん、与えられたもの、賜物は、一人ひとり異なります。種類も違うし、大きさも違う。それゆえ責任も違うでしょう。その違いは、神の深い御旨によります。しかし、たとえ種類や大きさに違いがあったとしても、だれであっても、すべてのものは神から与えられたものなのです。

パウロはこの手紙の一五章一〇節で「神の恵みによって、私は今の私になりました」と言いました。口語訳では「神の恵みによって、わたしは今日あるを得ている」となっていました。私たちがそれぞれ「今日あるを得ている」のは、まったく神の恵みによるのです。神によってこの世に生を与えられ、さらにはキリストにある真のいのちを与えられ、多くの賜物を与えられ、生ける糧を与えられ、家族を与えられ、友人を与えられ、教会の交わりが与えられて、「今日あるを得ている」。

私たちはそういう存在です。神の主権的恵みによって生かされてきた存在です。そして今も生かされています。そういう存在であるならば、どうして高ぶることができるだろうか、とパウロは言うのです。

神の御前に自らを問う

七節の最後でパウロはこう続けています。

「もしもらったのなら、なぜ、もらっていないかのように誇るのですか。」

すべてのものが、神からのいただきものであるならば、決して人は高ぶることはできません。むしろ、高ぶりとは正反対の態度、謙虚にならざるを得ないはずです。与えてくださった方への感謝に生きるしかありません。

それゆえ、自分を誇る、高ぶるということは、神によって与えられたのではなく、自分の力で獲得したと主張しているのと同じです。神が恵みによって与えてくださったものを、神の恵みとして感謝するのではなく、自分の成果として誇っているのです。神に栄光を帰すのではなくて、自分に栄光を帰しているのです。

確かにこの世の基準からすれば、一人ひとりには、誇るものがあるかもしれません。また誉められることもあるでしょう。コリントの信徒たちもそうでした。パウロ自身も認めているように、彼らは確かに、この世の基準からすれば、誇れるものをもっていたかもしれません。

しかし、教会の基準、私たちの基準は、この世のものではありません。私たちはこの世の基準で生きるのではありません。パウロは彼ら一人ひとりを、神の前に立たせました。神との関係で一人ひとりを問い、神との関係で自らを省みるように導きました。

神の前に立つならば、どうでしょうか。誇るものがあるでしょうか。神に対して誇れるものがあるでしょうか。また神からいただかなかったものがあるでしょうか。神に依存していないものがあるでしょうか。何もないのです。

それどころか、私たちは神の前に真実に出るならば、自らの罪深さを知らないわけにはいきません。人の前では通用したかもしれない自己満足や自己評価は、神の前では吹き飛ばされます。そして、神の御前における自分の存在、罪に汚れた存在の自覚の中で、私たちは、ただイエス・キリストの十字架を見上げるのです。

神の御前で、私たちが目を留めることができるのは十字架だけです。十字架によって与えられる救いと賜物に目を留めるしかない。そこにしか、本当の希望はないのです。ある神学者が「人間は自分を知ることほど下手なことはない」と言っていました。本当にそうだと思います。自分を正しく知ることができれば、人は健やかに生きられます。しかしそうでないがゆえに、自分を損ない、また人を損なうことが起こるのです。

自分を正しく知るための大きな手がかりが、この聖句だと言えるでしょう。私たちはいつも問うべきです。自分がもっているものはどこから来たのか。「あなたには、何か、もらわなかったものがあるのですか」と。この問いを誠実にもち続けるとき、私たちは、すべてが与えられたものであることを知って、思い上がらず、むしろ感謝のうちに本当の自分を生きることができます。

私たちはだれしも、人の評価を気にして生きています。しかし、それが生きることの全体になってはいけません。人のことが大きくなれば、神のことが小さくなります。そして神のことが小さくなれば、人は人間に捕らわれて生きることになります。それは決して神が望まれる生き方ではありません。

私たち人間にとって根本的に重要なのは、神の御前にある自分の存在であり、その神の御前に生きることです。そのために、私たちは神のみことばに聞かなければならないのです。その際、「書かれていることを越えない」ことが大切です。聖書を超えてはならないのです。

神のみこころは聖書に記されています。ですから私たちは、神に服従する姿勢をもって、みことばに聞くのです。つまり、神礼拝の中でみことばを聞く。それこそが、神の民が健やかに生きるために根本的に重要なことです。そしてその中で、生ける神は、私たち一人ひとりを養い育て、守り、導いてくださいます。必要なすべてのものを与えてくださるのです。

18　キリストのための愚か者

〈Ⅰコリント四・八〜一三〉

「あなたがたは、もう満ち足りています。すでに豊かになっています。私たち抜きで王様になっています。いっそのこと、本当に王様になっていたらよかったのです。そうすれば、私たちもあなたがたとともに、王様になれたでしょうに。私はこう思います。神は私たち使徒を、死罪に決まった者のように、最後の出場者として引き出されました。こうして私たちは、世界に対し、御使いたちにも人々にも見せ物になりました。私たちはキリストのために愚かな者ですが、あなたがたはキリストにあって賢い者です。私たちは弱いのですが、あなたがたは強いのです。あなたがたは尊ばれていますが、私たちは卑しめられています。今この時に至るまで、私たちは飢え、渇き、着る物もなく、ひどい扱いを受け、住む所もなく、労苦して自分の手で働いています。ののしられては祝福し、迫害されては耐え忍び、中傷されては、優しいことばをかけています。私たちはこの世の屑、あらゆるものの、かすになりました。今もそうです。」

霊的自己満足は成長を阻む

パウロは分派を形成していたコリントの信徒たちの高ぶりを痛烈に批判していきます。パウロはまず、コリントの信徒たちの姿について八節でこう言っています。

「あなたがたは、もう満ち足りています。すでに豊かになっています。」

「満ち足りています」と訳されていることばは、食べて満腹していることを意味することばです。彼らは、霊的な食べ物を食べて満腹し、豊かになっていました。宗教的な意味、霊的な意味で、コリントの信徒たちは十分に円熟した状態になっている、ということです。

これはもちろんパウロの皮肉です。本当にそのような霊的豊かさをもっていると認めているのではありません。むしろ、彼ら自身がそう思っているのです。彼らは、自分たちは霊的に円熟している、豊かになっていると思っていました。霊的な自己満足ほど危険なものはありません。なぜなら、満足している者は、霊的な求めや渇きをもたないからです。自分の霊的状態を自分で良しとし、神ご自身とのさらなる交わりや、神のみことばを求めなくなるからです。

しかし私たちは、天の御国に至るその日まで、みことばの糧を必要としないような満足の状態に至ることは決してありません。この地上にある限り、完全で満ち満ちた霊的知識に至ることは決してありません。霊的な意味で満腹して、もうこれ以上はいらないというような状態に達することは決してありません。完全な恵みと霊的な富を受けることができるのは、天の御国においてです。

ですから、地上においては、私たちは常に求める者でなければなりません。渇く者でなければなりません。主イエスは、「義に飢え渇く者は幸いです。その人たちは満ち足りるからです」（マタイ五・六）と言われました。また「求めなさい。そうすれば与えられます。探しなさい。そうすれば見出します」（同七・七）とも言われました。私たちの地上における歩みは、常に渇きをもち、求めをもつものである必要があるのです。

自らの貧しさを知らなければ、求めることはありません。私たちがもし霊的な渇きや霊的な求めがあまりないとするならば、それは、自らの霊的な貧しさを知らないことに起因していると言えるでしょう。貧しいにもかかわらず、豊かであると思い込んでいる。みことばを読むことも、神に従うことも、この程度で十分だと思っている。十分だと思えば、それ以上求めることもありませんから、霊的な恵みが与えられることもありません。こうして霊的自己満足は、霊的な成長を完全に阻んでしまうのです。

これがコリントの信徒たちの状況でした。そしてこれは、使徒パウロの生き方とまさに対照的でした。パウロは自己満足を知りません。霊的な意味でそこに居直る生き方を知りません。彼の生きる姿勢を最もよく表しているみことばは、ピリピ人への手紙三章一二節でしょう。
「私は、すでに得たのでもなく、すでに完全にされているのでもありません。ただ捕らえようとして追求しているのです。そして、それを得るようにと、キリスト・イエスが私を捕らえてくださったのです。」

パウロの生涯は、霊的豊かさを捕らえようとして前進する生涯、追い求める生涯でした。自らの貧しさを徹底して知り、キリストに求め、栄光のゴールを目指して前進する生涯です。そしてこれこそが、キリスト者のあるべき生き方でした。この地上においてすでに自己満足に陥ったならば、このような生き方には決してなりません。イエス・キリストの福音は、決して私たちを自己満足に陥らせるものではありません。

もちろん福音は、私たちに、ほかでは決して与えられない確かな救いを与えてくれます。救いの確信と平安を与えてくれるものです。しかし同時に私たちは、その確信と平安をいただきつつも、自らの貧しさを知り、霊的な渇きをもつのです。イエス・キリストをますます求めて生きるように促されるのです。

福音は、私たちに揺るがないものを与えると同時に、私たちを前へと促すものです。キリストを求めて生きる歩みへと動かすものです。もしも、福音を信じているにもかかわらず、こうした確信と平安、また前へと動かす力がないとしたら、それは福音を正しく受けとめていないということです。イエス・キリストの福音は、決して私たちを自己満足には陥らせません。むしろ、走るべき道を走り抜くように、私たちを促し、励まし、力を与えます。

聖書の教え・使徒の教えにとどまる

パウロはコリントの信徒たちの状況について、さらに八節の後半でこう述べています。「私たち抜きで王様になっています。いっそのこと、本当に王様になっていたらよかったのです。そうすれば、私たちもあなたがたとともに、王様になれたでしょうに。」パウロは、彼らが王様になっていると語りました。これも、パウロがコリントの信徒たちの思い上がりを皮肉ったことばだと言えます。彼らはすでに満足し、霊的な意味で世を支配する者になったとして思い上がり、人々を、そして使徒たちさえもさばくようになっていました。

では彼らはいったいなぜ、そのような自己満足と高ぶりに陥ったのでしょうか。彼らは「もう満ち足り」「すでに豊かになって」いました。これは彼らが、イエス・キリストの約束された終わりの日が「すでに来た」と考えていたことによると思われます。つまり、彼らは終わりの日はすでに来たという、教理的な過ちに陥っていたのです。福音の真理から外れていたのです。

ではなぜ、福音の真理から外れていったのでしょうか。八節でパウロは「私たち抜きで王様になっています」と彼らのことを語りました。「私たち」つまり使徒たちを抜きにして勝手に王様になった。すなわち、使徒たちの教えにとらわれず、それを超えて、彼らは自分たち独自の福音理解を立ち上げていったということです。

コリント教会に福音を宣べ伝えたのはパウロであり、その働きを引き継いだのはアポロでした。しかしコリントの信徒たちは、そうした福音宣教者の教えにとどまっていたのではなかったのです。彼らはそれを超えていきました。使徒たちが伝えた福音を超えて、いわばそれを歪曲していきました。それが、彼らの自己満足と高ぶりを招いていたのです。

使徒たちの教えは、旧約聖書に基づいていましたから、使徒の姿勢は基本的に六節にあったように、「書かれていることを越えない」というものでした。そして、キリスト者は常に、聖書に書かれていることを越えない、という姿勢をもつ必要があります。

しかしコリントの信徒たちはそうではありませんでした。聖書の教え、使徒たちの教えにとどまるのではなく、それを乗り越えて、独自の福音理解になっていきました。聖書にとどまるのでなければ、結局、この世の思想や哲学によって、福音は占領されてしまうことになります。

コリントの信徒たちの福音は、当時のストア哲学の決定的な影響を受けていました。福音がストア哲学によって歪曲されていました。ストア哲学では、知恵のある賢人こそが王者とされていましたから、コリントの信徒たちは、信仰によって知恵を得て王様になったと考えていたのでしょう。そして高ぶっていたのです。

その時代の思想や文化と、イエス・キリストの福音とをいかに関連づけるかは、いつの時代でも重要な課題です。コリントの信徒たちは、福音の土台を変えて、ストア哲学によって福音を再構築してしまいました。それは取ってはいけない道です。土台を変えてはなりません。土台は神のことばであり、使徒が伝えたイエス・キリストの十字架の福音です。むしろ真の土台によって、すなわち神のことばによって、その時代の思想や文化を分析し、判断することが必要なのです。

キリストにある死刑囚

以上のようにコリントの信徒たちは、自分たちは満ち足りており、豊かであり、王様だと言っていたのですが、パウロはそういう彼らと自分たちを比較します。パウロは九節で、自分たち使徒のことを象徴的に「死罪に決まった者」だと言います。

「私はこう思います。神は私たち使徒を、死罪に決まった者のように、最後の出場者として引き出されました。こうして私たちは、世界に対し、御使いたちにも人々にも見せ物になりました。」

この九節のみことばの背後には、当時のローマ帝国における競技場の文化があります。ローマ時代の都市では、競技場で剣闘士が戦い、殺されるのを観客は見て楽しんだそうです。それだけでなく、死刑囚が猛獣と戦わせられたり、また囚人同士が戦わせられて、それが見せ物となっていました。

パウロはそういうローマの文化を念頭に置きながら、自分たち使徒は、この競技場に最後に引き出される死刑囚のようなものだと言うのです。多くの観客の目にさらされ、嘲笑の的にされ、そして最後には殺されていく。それはこの世的に言えば、人間の最低の運命です。そういう者たちに自分たちをたとえています。それはまさに「見せ物」でした。群衆を楽しませるための存在であり、娯楽の一つでした。

パウロが自分たち使徒をこのような見せ物の死刑囚にたとえたとき、十字架につけられたイエス・キリストのことを思っているのは確かでしょう。主イエスはまさに、見せ物の死刑囚のように引き出され、人々の嘲笑を浴び、嘲りの中で殺されました。主イエスはまさに見せ物の死刑囚でした。そしてそのイエス・キリストに従う者も同じようになる。とりわけ使徒は、キリストのゆえに、最も卑しめられ、最も低くされる者である、とパウロは述べているのです。

そしてパウロはその自分たちとコリントの信徒を比較します。

「私たちはキリストのために愚かな者ですが、あなたがたはキリストにあって賢い者です。私たちは弱いのですが、あなたがたは強いのです。あなたがたは尊ばれていますが、私たちは卑しめられています」（一〇節）。

人の目から見れば、コリントの信徒たちはこの世的に賢い者であり、強く、尊ばれていました。これに対して、パウロたちは、この世的には愚かな者であり、弱く、卑しめられていました。コリントの信徒たちは、人間の知恵、この世の知恵によって高められていました。使徒たちは、人間の知恵またこの世の評価からすれば、低められ、侮辱されていました。しかし、人間の知恵と神の知恵は異なります。人の評価と神の評価は異なるのです。

パウロはここで比較をやめて、自分たちが受けてきた苦難に焦点を当てて語ります。「今この時に至るまで、私たちは飢え、渇き、着る物もなく、ひどい扱いを受け、住む所もなく、労苦して自分の手で働いています」（一一〜一二節前半）。

パウロはユダヤ人からは裏切り者として迫害され、また異邦人からも邪魔者として、社会に混乱をもたらす者として迫害されました。この「飢え、渇き、着る物もなく、ひどい扱いを受け、住む所もなく」というのは、イエス・キリストの苦難の姿に重なるものです。キリストの苦難が、使徒の生涯において繰り返されるのです。

それゆえ、パウロは決してこれらの苦難を思いがけないことだとは考えていませんでした。あってはならないこと、本来、克服されなければならないこととも考えていません。むしろ、これらの苦難を、キリストに従う者、とりわけ使徒職の真正さを示すしるしとみなしています。彼は、キリストのごとくに苦難にあうことを誇りに思っていたのです。

一二節にある「労苦して自分の手で働く」というのは、伝道者パウロの一つのポリシーでした。自由に福音を説くことができるように、人々の重荷になることを避けたのだと思われます。彼は天幕作りの仕事をしながら伝道しました。ここで用いられている動詞は、くたくたになるくらいの労働を指しています。ギリシア人たちは通常、肉体労働を軽蔑していました。そのような彼らを意識してパウロは語っているのかもしれません。すなわち、パウロは懸命に働くことを誇りとしているのです。

さらに一二節の後半から一三節にかけて、パウロは、自分が苦難にどう対応してきたかを述べています。それが「ののしられては祝福し、迫害されては耐え忍び、中傷されては、優しいことばをかけています」という部分です。

「ののしられては祝福する」というのは、まさに主イエスが命じられたことでした。主は「あなたがたの敵を愛しなさい。あなたがたを憎む者たちに善を行いなさい。あなたがたを呪う者たちを祝福しなさい。あなたがたを侮辱する者たちのために祈りなさい」（ルカ六・二七〜二八）と命じられました。パウロはまさに、この主のみことばに従って生きていたのです。

また「迫害されては耐え忍び、中傷されては、優しいことばをかけています」というのも、主イエスの命令によることです。主は「自分の敵を愛し、自分を迫害する者のために祈りなさい」（マタイ五・四四）と命じられました。パウロはまさに、主のことばに生きていたのです。

実はここに記されているような態度、つまり「ののしられては祝福し、迫害されては耐え忍び、中傷されては、優しいことばをかける」というような態度は、当時のギリシア人が最も嫌うものでした。それは、軽蔑すべき腰抜けの態度だと考えられていました。卑屈な態度として嫌われていました。しかしパウロがここで、自分の生き方としてこう述べているのは、キリスト者の価値観と、この世の価値観との相違を強調するためであると考えられます。キリストに従う生き方と、この世が評価する生き方は違います。この世が評価する生き方が、キリストに従う生き方ではない。そしてパウロは、たとえこの世が評価しなかったとしても、自分はキリストに従って生きてきたし、これからもそう生きると言っているのです。

この世の屑、あらゆるもののかすとなる

一三節の後半がまとめのことばです。

「私たちはこの世の屑、あらゆるもののかすになりました。今もそうです。」

本当に激しいことばだと思います。「私たちはこの世の屑、あらゆるもののかす」だ

とパウロは言うのです。

「屑」と訳されていることばは、掃除をしたときに出てくるもの。そしてその結果、外に投げ捨てられるものを意味します。また「かす」と訳されていることばは、一生懸命磨いてきれいにしようとする際に出てくる汚物やあかを意味します。徹底して何かをきれいにしようとする際に出てくるもののことです。

「屑」や「かす」というようなことばで人間を呼ぶのは、最大の軽蔑を込めたののしりを意味します。パウロは、自分たちはそのように見られてきた、人間の中で最も軽蔑される人として扱われてきたと言うのです。そしてその自分たちの姿を、コリントの信徒たちと比較します。比較すればどうなるか。それはまさに対照的であり、正反対です。その正反対であるところで、コリントの信徒たちの誤った姿が浮き彫りにされているというのです。

コリントの信徒たちは苦難を軽蔑していました。この世的に高められることを求めていました。そして、パウロの教えを離れ、福音の真理から離れていました。キリストに従うということ、またキリストに対する真の奉仕というのは、人間的な勝利や、人間の誇りにおいて明らかになるのではありません。むしろパウロのように、恥辱と弱さの中で明らかにされるのです。

使徒の存在と務めの崇高さと、彼らが受けなければならなかった悲惨な運命との間には、あまりに大きな対比があります。しかしそこにこそ、神の知恵があるのです。神の国のしもべは、誇りとこの世的な勝利によって神の国を証しするのではありません。むしろ、主人であるイエス・キリストがそうであったように、苦しみの中で、弱さの中で、証人となるのです。

パウロの悲惨な運命と、コリントの信徒たちが歩んでいた気楽な道。そこには大きな対比があります。そして、この手紙がすべての信徒たちの前で読まれたことを考えれば、そこには強烈な問いかけがあったと言えるでしょう。つまり、あなたがたは、このパウロの道とコリントの信徒たちの道の、どちらの道を歩むのかという問いかけです。

「屑」や「かす」というのは、捨てられることによって、そこがきれいになるものです。そういう貢献の仕方をするものです。使徒たちはまさに、そういう意味で、世を清めるための犠牲となりました。そして言うまでもなく、イエス・キリストは、神の御子であるにもかかわらず、自らが「屑」や「かす」の扱いを受けることによって、世に救いの道を開かれました。パウロが言いたいのは、キリストに従う者は、キリストが世から蔑まれ、排斥され、「屑」や「かす」の扱いを受けたように、同じ運命を共にするということなのです。

パウロのことばは、二千年前のコリント教会に対してだけでなく、今の時代のキリスト者、教会に対する挑戦でもあります。キリストを信じるということは、人生の成功や問題のない生活の保証になるわけではありません。むしろ逆でしょう。

パウロがまさにそうでした。彼はキリストに出会うまでは、人生の成功者でした。ユダヤ教のエリートでした。将来を嘱望されていた、人生の「勝ち組」でした。しかし、今や「この世の屑、あらゆるものの、かす」になった。パウロはそれでも、イエス・キリストにある溢れる祝福を確信し、喜んでいたのです。

私たちは信仰者として何を求めているのでしょうか。コリントの信徒たちの道か、パウロの道か。二つに一つしかありません。そして聖書が明言する祝福の道は、イエス・キリストにひたすら従って生きたパウロの道です。自己満足の信仰ではなくて、キリストを見つめ、ゴールを見つめて走り続ける信仰です。そのとき私たちは、約束のごとく、栄光の冠を得ることができます。それがイエス・キリストの約束なのです。

19　私に倣う者となってください

〈Ⅰコリント四・一四～二一〉

「私がこれらのことを書くのは、あなたがたに恥ずかしい思いをさせるためではなく、私の愛する子どもとして諭すためです。たとえあなたがたにキリストにある養育係が一万人いても、父親が大勢いるわけではありません。この私が、福音により、キリスト・イエスにあって、あなたがたを生んだのです。ですから、あなたがたに勧めます。私に倣う者となってください。そのために、私はあなたがたのところにテモテを送りました。テモテは、私が愛する、主にあって忠実な子です。彼は、あらゆるところのあらゆる教会で私が教えているとおりに、キリスト・イエスにある私の生き方を、あなたがたに思い起こさせてくれるでしょう。あなたがたのところに私が行くことはないだろうと考えて、思い上がっている人たちがいます。しかし、主のみこころであれば、すぐにでもあなたがたのところに行きます。そして、思い上がっている人たちの、ことばではなく力を見せてもらいましょう。神の国は、ことばではなく力にあるのです。あなたがたはどちらを望みますか。私があなたがたのところに、むちを持って行くことですか。それとも、愛をもって柔和な心で行くことですか。」

コリント教会の生みの親であるパウロ

四章一四節から二一節が、コリント教会の分派争いについて論じてきた最後の結論です。パウロは言います。

「私がこれらのことを書くのは、あなたがたに恥ずかしい思いをさせるためではなく、私の愛する子どもとして諭すためです」（一四節）。

一三節までのパウロの語調は、彼らを辱めることを目的としているかのような強いものでした。しかしパウロはここで自らの真意を語ります。パウロの目的は、彼らに恥ずかしい思いをさせることではなく、彼らを正すことです。そのために、愛する自分の子どもとして諭しているのです。パウロの叱責はあくまで愛から出たものでした。パウロは今、心からの愛をもって、コリントの信徒たちに語りかけるのです。

そして、自分とコリントの信徒たちとの関係が、特別なものであることを強調します。

「たとえあなたがたにキリストにある養育係が一万人いても、父親が大勢いるわけではありません。この私が、福音により、キリスト・イエスにあって、あなたがたを生んだのです」（一五節）。

コリント教会はパウロの福音宣教によって生まれた教会でした。開拓伝道によって生まれた教会でした。その意味でまさにパウロはコリント教会の生みの親と言えます。

パウロの後、様々な伝道者がコリント教会で働いたことでしょう。パウロはその伝道者たちのことを、ここで「養育係」と呼んでいます。この養育係とは、当時一般的であった男の子をしつける奴隷のことです。六歳から成年に至るまで、養育係はその男児の付き人として日常生活を見守り、規律を教え、マナーを教え、また勉強も教えて、その子の世話全体を担当しました。ですから奴隷とはいえ、尊敬に値する者であり、実際に尊敬を受けていたようです。その子の成長にとって、この養育係は非常に重要な役を担いました。

しかし、彼はあくまで養育係であって、父親ではありません。養育係は取り替えが可能です。これまでの養育係から、もっと良いと思える養育係に替えることが可能です。しかし、父親は取り替えることができないのです。

パウロは、コリント教会で働いてきた伝道者たちはこの「養育係」だと言います。養育係が大きな働きをし、尊敬に値する者たちであるように、コリントで働いた伝道者たちはすばらしい働きをしました。しかし、彼らは父親ではない。コリント教会の父親はパウロだけなのです。

パウロはここで、自分がコリント教会にとって特別な存在であることを強調しています。初めにコリントに福音をもたらした者として、パウロはまさにコリント教会の生みの親です。だから、パウロとコリントの人々には特別な関係があるのです。そして彼は父としてコリント教会を諭そうとしています。パウロは父ですから、決してコリント教会に恥ずかしい思いをさせることを目的としているのでありません。あくまで父としての愛をもって諭そうとしているのです。

ただ注意しておきたいことは、パウロがコリント教会を生んだといっても、それは彼自身の力によってなしたということではありません。パウロはここで「福音により、キリスト・イエスにあって、あなたがたを生んだ」と言っています。彼らが回心に導かれたのは、あくまで「イエス・キリストにあって」でした。つまり、彼らを回心に導いたのはキリストなのです。キリストの御霊が人々の心の内に働かれることがなければ、罪人が回心に導かれることはありません。

そのキリストがみことばの宣教者を用い、彼らによって福音が宣べ伝えられることによって御業がなされます。キリストはパウロを遣わし、パウロの語る福音を通して、コリントの人たちを回心させられました。そしてコリント教会が生まれました。

このように、人々が回心に導かれるには、福音のことばと、それを伝える伝道者が必要です。そしてキリストご自身が、これらを用いて働き、御業をなさるのです。

私に倣う者となってください

こうしてパウロは、自らがコリント教会の霊的な父であり、それゆえ大きな愛をもっていることを明らかにしたうえで、一六節で勧告のことばを述べています。

「ですから、あなたがたに勧めます。私に倣う者となってください。」

パウロは自分に倣うようにと、コリントの信徒たちに勧めました。これは大胆な勧告ですが、パウロによってしばしばなされたものです。

自分に倣うようにと、なぜ彼は命じることができたのでしょうか。これはもちろん、コリントの信徒たちを、個人的に自分に引き寄せようとしているのではありません。他の指導者に心を寄せることなく、自分から離れないことを望んでいるのではありません。

パウロが望んでいたのは、彼らが自分に倣うことによって、キリストに倣う者となることでした。パウロ自身は、ひたすらキリストに倣って生きていました。ですからそのパウロに倣えば、結局、キリストに倣うことになるのです。

パウロは決して自分が模範だと考えていたわけではありません。自分のあり方を基準として確立しようとしているわけではありません。彼が規範なのではありません。彼もまたキリストに倣う者でした。そしてキリストに倣う彼の生き様に倣うことによって、彼らをキリストに従う者にしようとしていたのです。

では、なぜパウロは、「キリストに倣う者となりなさい」ではなく、「私に倣う者となりなさい」と言ったのでしょうか。なぜ、自分を間に立てたのでしょうか。それは、キリストに従うということ、また信仰というものが抽象化されないためでした。

パウロの福音宣教は、キリストに従うパウロの生き様と共にありました。パウロの生き様が福音を体現していました。そうであって初めて、彼はイエス・キリストの福音を宣べ伝えることができたのです。

福音宣教は、決して特定の思想や理論を伝えることではありません。キリストの思想や、聖書の教えをただ伝えることではありません。キリストを信じることは、生きることの全体に関わるものです。そしてそれは、理屈だけで伝わるものではありません。実際に、キリストを信じている人の生き様と共に示されるのでなければならないのです。

理屈でどんなに説明されても、それだけで人がキリストに導かれることはありません。それによってキリスト教的になることはあっても、キリスト者になることはない。キリスト者とは、キリストに従う者です。キリストに従って生きる者です。

人をそのようなキリスト者に導くことができるのは、実際にキリストに従っている者にしかできません。ですからパウロは、自分自身を指し示しつつ、福音を宣べ伝えたのです。自分自身を提示しつつ、キリスト者の生き方を語ったのです。

このように、私たちが福音を本当に人に勧めようとするなら、福音が生き方として現れていることが必要です。自分が福音に生きていなければ、だれもその人が語る福音に耳を傾けることはありません。けれども、福音に生かされるというのは、立派な人間になるということではありません。どこから見ても申し分のない人間になるということではありません。立派でなくても、弱くても構わないのです。しかし、その自分たちの弱さやまた罪深さの中で、自分を支え、生かす御方がおられることを示すことです。自分が究極的にだれによって支えられ、平和を得ているかを示すことです。

キリストが私たち一人ひとりにとって、本当のところどういうお方であられるかが問題なのです。自分の生き方の中で、いったいキリストはどこに位置しているのか。キリストを隅に追いやって、自分の生き方をしているだけなのか。もしそうであれば、その人のことばに力がないのは当然です。

しかしパウロは「生きることはキリスト」と語りました（ピリピ一・二一）。生きることの根源を、まさにキリストに明け渡していました。彼もまた私たちと同じ罪人ですから、内なる罪に悩み、弱さに悩むことがありました。しかしその中で、十字架のキリストを見つめ、福音に生かされていたのです。

その福音的生き様が、パウロのことばに力を与えていました。それで、彼はあえて「私に倣う者となってください」と命じることができたのです。

キリスト・イエスにあるパウロの生き方

パウロは、この勧告を現実化するために、同労者テモテをコリント教会に遣わしました。一七節にこうあります。

「そのために、私はあなたがたのところにテモテを送りました。テモテは、私が愛する、主にあって忠実な子です。彼は、あらゆるところのあらゆる教会で私が教えているとおりに、キリスト・イエスにある私の生き方を、あなたがたに思い起こさせてくれるでしょう。」

テモテはパウロによってキリスト教信仰に導かれた者であり、第二次伝道旅行以降、パウロについて歩いたまさに助手的存在でした。パウロがテモテのことを「私が愛する子」と言っているのは、テモテがパウロの宣教によって回心に導かれたことを表しています。テモテはまた「主にあって忠実な子」でした。これは、主に対する信仰の誠実さという意味で、単にパウロに忠実ということではありません。

このテモテが、コリント教会に派遣されました。それはコリントの信徒たちが、パウロに倣う者となるように指導するためですが、そのためにテモテはまさに最良の人物でした。というのは、テモテ自身がまさに「パウロに倣う者」であったからです。テモテこそ、パウロに倣う絶好の見本でした。

そしてパウロは、このテモテが「キリスト・イエスにある私の生き方を、あなたがたに思い起こさせてくれるでしょう」と述べています。「キリスト・イエスにある私の生き方」とは、キリストを信じるパウロの信仰のあり方、生き方全体を指します。「生き方」と訳されていることばは、「道」ということばです。「キリスト・イエスにあるパウロの道」ということです。パウロの信仰的生き様ということです。それをテモテがコリントの信徒たちに思い起こさせるのです。コリントにおけるパウロの姿を思い起こさせて、自らのあり方を問うように勧めるのです。

混乱していたコリント教会は、キリストに従って生きることの具体的モデルを必要としていました。当時は、まだ新約聖書がありません。固定した規範がないのです。それを担っていたのが使徒たちでした。使徒たちはその意味でも特別の規範性をもっていました。

今日の私たちは、そうした使徒的伝承が、聖書として完結して与えられているわけですから、具体的な人物が強い規範性をもつことはありません。パウロのような、特定の人物に信仰のモデルを探すことはある程度は可能ですか、何よりも聖書にしたがうことが第一です。そして聖書にしたがって、信仰のモデルというものを考えることが必要です。

ある神学者が語っていたことですが、信仰生活には型が必要です。具体的な型です。それが、具体的人物というモデルによって与えられるということもあるでしょう。

信仰は一方では、御霊の自由を大切にします。自由ということも、信仰の大切な面です。しかし私たち罪人が、自由という名ですぐに放縦に陥りやすい傾向をもっていることも事実です。いつでも自由に神を礼拝すればよいといって、日曜礼拝を疎かにすれば、結局礼拝のない生活になります。いつでも聖書を読み、祈ればよいといって、時を定めなければ、結局聖書を読むことも祈ることもなくなります。それが私たちの現実なのです。ですから信仰には型が必要です。型がなければ、健全な信仰生活を送ることはできないのです。

神の国はことばではなく力にある

四章一八節から二一節には、コリント教会の高ぶる者、誇っている者に対する最後の警告が記されています。パウロの語調もここで再び厳しくなります。

「あなたがたのところに私が行くことはないだろうと考えて、思い上がっている人たちがいます」(一八節)。

コリント教会には、もうパウロは来ないといって、思い上がっている者たちがいました。彼らは、パウロは結局自分たちと対面する勇気がないのだ、彼は弱虫だと批判していました。パウロをおとしめて、勝手気ままにふるまう者たちでした。しかしパウロは一九節で言います。

「しかし、主のみこころであれば、すぐにでもあなたがたのところに行きます。そして、思い上がっている人たちの、ことばではなく力を見せてもらいましょう。」

こうしたコリント教会における高ぶった人たちの状況に対して、パウロはできるだけ早くそちらに行くという意志を表明しています。もちろん「主のみこころであれば」という条件付きですが、とにかく主が許してくだされば、すぐにでもコリントに行くと言います。そして、そちらに着いたら、「思い上がっている人たちの、ことばではなく力を見せてもらいましょう」と言います。思い上がって語っている者たちの背後に、神の力が本当に働いているのか、それとも、彼らは空しいことばを発しているだけなのか、それをパウロは確かめると言うのです。

ここでパウロは「ことば」と「力」を対比しています。コリントのあるギリシアでは、知恵や哲学といった「ことば」が高く評価されていました。しかし問題は「ことば」そのものではなくて、「ことば」に「力」があるかどうかだ、とパウロは言うのです。どんなに崇高に聞こえることば、人をひきつける知恵であったとしても、それがことばだけのことであるならば空しいのです。知的欲求を満たすことはできるかもしれません。優越感に浸ることはできるかもしれません。しかしそうした世の知恵やことばには、本当の力はないのです。

パウロは一章一八節で、「十字架のことばは、滅びる者たちには愚かであっても、救われる私たちには神の力です」と語りました。十字架のことばは神の力、とパウロは断言しました。十字架のことばは空しいことばではない。単なることばで終わるものではない。それは、神の国を実現する力あることばです。それゆえパウロは四章二〇節でこう続けています。

「神の国は、ことばではなく力にあるのです。」

神の国とは、神の支配を意味します。それは決して、ことば上のこと、概念上のことではありません。単なる思想、理論、理屈ではありません。それは現実を伴うものです。リアリティを伴うものです。

罪人とは、自分の思いによって生きる者です。自分を王として生きる者です。かつては私たちもそうでした。しかし、キリスト者となって、私たちは神に従う者とされました。神が自らの主人となりました。神に服する者となりました。そしてそのキリスト者が集まるのが教会です。ですからそこでは、神の支配と神への服従が最もリアルに現実となっているといえるでしょう。

教会はまさに、神の国のリアリティの現れであり、そして完成する神の国を先取りしているところです。教会はある意味では、すでに新しい世に属しており、この世において神の国の臨在を現しています。それは抽象的な概念ではありません。教会には確かに神の国のリアリティがあるのです。それを実現したのは、福音のことばであり、十字架のことばと共に働かれた神の御力にほかならないのです。

パウロは、コリント教会で思い上がっている者たちに、そのような神の力のリアリティがあなたがたにあるのか、と問うています。

そして、パウロは最後に、強い警告のことばでこの段落を終えています。

「あなたがたはどちらを望みますか。私があなたがたのところに、むちを持って行くことですか。それとも、愛をもって柔和な心で行くことですか」（二一節）。

パウロはコリント教会の父です。ですから、子どもを罰する者として行くことも、また子どもを愛する父として行くことも可能でした。パウロは使徒として、彼らをさばく権能をもっていました。彼がどういう存在として行くかは、コリント教会の信徒たちの態度にかかっているのです。戒規権を発動するような仕方で行くか、それとも、愛と平和の交わりのうちに行くのか。どちらを望むのか、とパウロはチャレンジしています。

今こそ、立ち止まって、自分たちのあり方を省み、改めよ、と迫っています。立ち止まって、自分自身の信仰のあり方を省みることは、私たちにとっても大切なことです。私たちはパウロのような使徒を待つのではありません。私たちが待つのは、再臨のイエス・キリストです。そのお方と出会うにふさわしいあり方をしているかを自らに問うことは、私たちの信仰にとって非常に重要なことです。

パウロが「私に倣う者となってください」と言ったように、私たちは、抽象的にではなく、具体的な信仰のあり方を、ときには信仰者のモデルに照らして省みることが大切です。信仰は、単なる知識でも理屈でもありません。それはまさに「道」ということばで表されるような「生き方全体」を含むものです。それゆえ、それはまさに私たちの現実、リアリティです。そしてその私たちの生全体を取り扱い、救い、生かしてくださるのが、イエス・キリストの福音なのです。

私たちの希望はイエス・キリストのうちにあります。そして、この希望は、決して失望に終わることがないのです。

20　主イエスの栄光のために

〈Iコリント五・一〜五〉

「現に聞くところによれば、あなたがたの間には淫らな行いがあり、しかもそれは、異邦人の間にもないほどの淫らな行いで、父の妻を妻にしている者がいるとのことです。それなのに、あなたがたは思い上がっています。むしろ、悲しんで、そのような行いをしている者を、自分たちの中から取り除くべきではなかったのですか。私は、からだは離れていても霊においてはそこにいて、実際にそこにいる者のように、そのような行いをした者をすでにさばきました。すなわち、あなたがたと、私の霊が、私たちの主イエスの名によって、しかも私たちの主イエスの御力とともに集まり、そのような者を、その肉が滅ぼされるようにサタンに引き渡したのです。それによって彼の霊が主の日に救われるためです。」

教会に存在した淫らな行い

一章から四章では、コリント教会における分派争いのことが取り上げられました。続く五章と六章では、コリント教会における不品行の問題が主として取り上げられています。

パウロのところには、コリント教会に関する様々な情報が寄せられていました。一節に「現に聞くところによれば」とありますが、コリント教会のことが話題になれば、いつも出てくるほど広く知られていたことがありました。それは、コリント教会の中に「淫らな行い」があるということでした。

一節で「淫らな行い」と訳されていることばは、ポルネイアという語です。これはポルノということばの語源です。そしてこのポルネイアは、あらゆる種類の不適切な性的関係全般を表します。それゆえ「淫らな行い」と訳されることもありますが、「淫行」「不品行」また「姦淫」と訳される場合もあります。

五章、六章全体で扱われているのが、この「淫らな行い」の問題です。コリントの町には異教の女神アフロディーテを祭る神殿があり、そこには多くの神殿娼婦たちがいました。またコリントは国際的な商業都市で、経済的繁栄と同時に、道徳的腐敗の町であり、とりわけ性道徳の腐敗が著しい町でした。そのようなコリントの町に住む者たちが、その社会の空気からまったく影響を受けないというのは難しいでしょう。

しかしパウロがここで問題にしているのは、そのようなコリントの町の腐敗そのものではありません。コリントの町にポルネイアが、淫らな行いが満ちていることを直接問題としているのではありません。パウロが何よりも問題としているのは、そのような町に生きるキリスト者の生活態度であり、と同時に、そうした問題が教会の中で起こった場合の教会の正しい対処の仕方なのです。実際に、コリント教会ではこの点で大きな問題が起こっていました。一節の後半にこうあります。

「しかもそれは、異邦人の間にもないほどの淫らな行いで、父の妻を妻にしている者がいるとのことです。」

「父の妻を妻にしている者がいる。」この父の妻とは、義母のことです。つまり、自分の実の母が亡くなり、父親が再婚した。その相手の女性が義母です。そしておそらく、今度は父親が亡くなった。もしくは父親と義母が離婚した。それゆえ、息子がその義母と一緒になったというわけです。

「妻にしている」と訳されている部分は「持つ」という動詞です。当時の用法では、「女を持つ」というのは「結婚する」と同義でした。法的に結婚したかどうかはともかく、実質的に結婚生活をしたということです。父の妻である義母と一緒になったのです。一時の衝動的な行為のことを言っているのではありません。継続的なことを言っているのです。

旧約聖書の律法は、このように義母と性的に結びつくことを明確に禁じています。レビ記一八章八節には、「あなたの父の妻の裸をあらわにしてはならない。それは、あなたの父の裸をあらわにすることである」とありますし、申命記二七章二〇節には「父の妻と寝る者は……のろわれる」とあります。父の妻と性的関係をもつことは、神にのろわれる行為でした。それゆえレビ記二〇章一一節には、「人がもし父の妻と寝たなら、父の裸をあらわにしたのである。二人とも必ず殺されなければならない。その血の責任は彼らにある」とあり、この行為をした者に対して死刑が定められています。

ローマ法によっても義母との結婚は禁じられていました。五章一節には、「それは、異邦人の間にもないほどの淫らな行い」とありましたが、神の律法を知らない異教社会においても、それは淫らな行いだと認められていたわけです。異教社会は性的放縦に歯止めがありませんから、実際はこのようなこともあったでしょう。しかし、その異教社会でさえ、このような行為は一般に疎ましい行為とされていました。

ところがコリント教会の中に、そのような行為をしている者たちがいました。それはいったいなぜなのでしょうか。

一つには、やはり、彼らが生きていたコリントという町の道徳観が、キリスト者に影響を与えていたということです。コリントは国際的な商業都市で、道徳的にとても腐敗していました。とりわけ、性的関係のルーズさがコリントの一般人たちの特徴でした。キリスト者といえども、その社会の一員として生活しています。そうした道徳観をもつ異教徒との接触の中で生きていました。だとすれば、その影響をまったく受けないというわけにはいかないでしょう。

そして、当時は若くして死ぬ人が多く、生き残った側が再婚することも頻繁でした。またこの時代は初婚の年齢がかなり若いため、父親の再婚相手の女性が初婚である場合、前妻の長男とあまり年が変わらないということもありました。それゆえ、一般的には、義母と一緒になることは疎ましい行為と異教社会でも言われていましたが、コリントのような特に道徳的に腐敗した町では、そんなこともかなりあったと思われます。そして、そうした町を覆っていた腐敗した道徳観が、その町に生きるキリスト者にも影響を及ぼしていたのです。

また、コリント教会は、異教徒から回心した人が多い教会でした。かつては、その腐敗した道徳観に何の問題も感じずに生きていた人たちでした。そこから回心したのですが、回心後も、そのかつての道徳感覚を引きずっていた人がかなりいたということも考えられます。

イエス・キリストを信じるということが、生き方の決定的な変化、自分の心の王座を主に明け渡すことと理解されず、何か心の中での心理的な事柄というとらえ方であるならば、つまり、生き方や生活に繋がらないようなとらえ方であるならば、そうしたことが起こり得るのです。しっかりとした教会教育がなされなかったということかもしれません。

さらに、こうした問題がコリント教会で起こっていたことには、もう一つの原因が考えられます。それはコリント教会にあったと思われる教理的な問題です。彼らは、キリストによる解放、キリストによる自由を強調し、それを誇っていました。その自由を強調することで、自分たちは他の信仰者たちとは違う別の路線を取るという意識もありました。こうした教理的な問題もコリント教会の背後にあったのです。

思い上がりに蝕まれた教会

パウロは、コリント教会にあったこうした性的関係におけるルーズさ、無感覚を、単に個人の問題としてではなく、教会の問題として厳しく断罪します。二節でパウロはこう言っています。

「それなのに、あなたがたは思い上がっています。むしろ、悲しんで、そのような行いをしている者を、自分たちの中から取り除くべきではなかったのですか。」

コリントの信徒たちは、こうした問題があるにもかかわらず、高ぶっていました。「思い上がる」と訳されていることばは、「ふくれ上がる」という意味です。彼らはこうした問題に平気であるばかりでなく、いばりくさっていました。いわばコリント教会は高慢の中毒にかかっていたのです。そのような教会の体質が問題でした。パウロが一番問題にしているのは、そのような教会の体質なのです。

パウロは、この不品行が放置されている問題の根源に、彼らの思い上がり、高ぶりの体質があることを指摘しているのです。この問題と高ぶりは深いところで結びついている。教会に高ぶりがあるとき、そこを起点にして多くの問題が生じます。

コリントの信徒たちは、自分たちのことを優れた信仰者だと考えていました。自分たちにはキリスト者としての自由があり、ほとんどどんなことでも許されていると考えていました。六章一二節や一〇章二三節にある「すべてのことが私には許されている」というのは、コリント教会の人たちの愛用のせりふでした。自由を過度に強調し、それを誇っていた。その高ぶりが、彼らの思考と行動を支配していました。そして結果として、不品行に陥り、かつ教会はそれを不問に付していたのです。

しかしパウロはその思い上がりを糾弾しました。そして「むしろ、悲しんで、そのような行いをしている者を、自分たちの中から取り除くべきではなかったのですか」と言います。本来なら、これほどの不品行があれば、教会は悲しみでいっぱいになるはずです。「悲しんで」と訳されていることばは、死を嘆くような深い悲しみを表現することばです。死を嘆くような悲しみがあるはずです。しかし高ぶりは、キリスト者や教会が、本来感じるべき罪に対する感覚を麻痺させます。神の聖さに対する感覚を麻痺させるのです。

ここでパウロが問題としているのは、罪を犯した本人のことではなく、それを放置している教会のことです。教会の問題がここで取り扱われています。教会はキリストの体です。キリストを頭《かしら》とし、キリストの栄光を現す群れです。その教会でこのような問題が起こっている。この世でも忌まわしいと思われることが教会で起こっている。ならば、教会が嘆き悲しむのは当然ではないか。キリストの栄光を現すのが教会の使命です。しかしかえってキリストの栄誉に泥を塗っているではないか。なのに、なぜ嘆かないのか。なぜなすべきことをしないのか。それがパウロの嘆きなのです。

そしてパウロは、教会はその悲しみから、それほどの大きな罪を犯している者を教会の交わりから除くという戒規を行わなければならないと言います。「むしろ、悲しんで、そのような行いをしている者を、自分たちの中から取り除くべきではなかったのですか」と言います。

パウロが問題にしたのは、これほどの罪があるにもかかわらず、教会が無関心、無頓着であったことです。正しい戒規を行わなかったことです。それでは、キリストの教会は建たないと彼は確信していました。教会が罪の問題を正しく扱うということ、必要に応じて戒規を行うということは、イエス・キリストから教会に委ねられた責任です。教会はその責任を果たさなければ、キリストの教会として立っていくことはできないのです。

教会における戒規の必要性

宗教改革者カルヴァンがジュネーヴに来たとき、ジュネーヴはすでに宗教改革に踏み出していましたが、まだ何の内実もない状態でした。ジュネーヴは独立戦争に勝利し、結果としてカトリック教会の支配から解放されたにすぎません。ですから、市民たちの多くが宗教改革自体に前向きであったわけではありませんでした。多くの者たちは、むしろ宗教にあまり縛られない、勝手気ままな自由な生活を望んでいました。

また当時は、国家教会ですから、全市民が教会員となります。そのようないわば雑多な人たちを抱えたジュネーヴ教会を、真のキリストの教会に変えるのが、カルヴァンの使命でした。

そのカルヴァンが、そのために最も重視したのが、教会における戒規の復興でした。キリストの戒めに反するような生活をしている者たちが、平気で聖餐にあずかるのをやめさせようとしました。教会を聖餐共同体にしなければならないと彼は考えました。つまり、教会員は聖餐にあずかるにふさわしい生活をしなければならない。そのように、自らの生き方を整えなければならない。そしてそうでない者は、聖餐にあずかることはできない。陪餐停止の戒規がなされなければならないとしたのです。

カルヴァンは、この戒規の復興によって、キリストの教会を建て上げようとしました。それゆえ、カルヴァン主義の教会はこの戒規というものを伝統的に非常に重視してきましたが、それはまさに聖書が教え、パウロが教えたことだからです。

カルヴァンは、ジュネーヴで書いた最初の教会規則（一五三七年）の中で、戒規の目的について三つのことを挙げています（参照、『カルヴァン篇』キリスト教古典叢書刊行委員会訳、新教出版社、一九五五年）。

「第一に、主の教会が、よこしまであり、あらゆる悪徳をほしいままにする人たちの陰謀団と化し、イエス・キリストが冒瀆され、はずかしめられたもうことがないため」（同書、三九頁）。つまり、第一は、イエス・キリストの名誉のためです。

「第二に、このような懲らしめを受ける人々が、おのれの罪に恥じ恐れて、我に帰り、その行いを改めるようになるため」（同頁）。つまり、戒規を受ける人の霊的な回復、霊的な益のためです。

「第三に、その他の人たちも、かような者たちとの一緒のつきあいによって、腐敗・堕落させられることなく、かえって、その見せしめを通じて、同じような過失に陥らないようにと警告される」（三九〜四〇頁）。つまり、罪の放置によって、その腐敗が教会に蔓延することがないため、つまり教会の聖さを保つためです。

いつの時代も、戒規はこの三つの目的のために行われなければなりません。教会によって現されるイエス・キリストの名誉と、当該本人の霊的益と、そして教会の聖さのためです。カルヴァンは、戒規の復興によって、教会を教会として建てようとしました。それはまさに、パウロがここで述べていることと同じです。

パウロは二節で「そのような行いをしている者を、自分たちの中から取り除くべきではなかったのですか」と言いますが、それは決してその人に罰を与えることが目的ではありません。懲らしめること自体が目的ではありません。五節にはこうあります。

「そのような者を、その肉が滅ぼされるようにサタンに引き渡したのです。それによって彼の霊が主の日に救われるためです。」

ここでパウロが扱っている戒規は、戒規の中でも最も厳しい除名の戒規です。それをパウロは「その肉が滅ぼされるようにサタンに引き渡した」ということばで表しています。この世はサタンの支配するところであるという表現が、聖書にはしばしばあります。この世は、サタンが、また罪の原理が支配するところです。それに対して教会は、神の特別な保護の下に置かれています。ですから、除名の戒規を受けて、そこから除かれた者が、サタンの支配下に入るのは当然です。

これはとても強い表現です。教会の交わりから除外されるのは、この世に捨てられること、サタンに渡されることだと言います。それほど、この戒規には力があるということをパウロは強調しているのです。

しかし、それは決して、その人が滅ぼされるためではありません。「その肉が滅ぼされるように」とあります。これは解釈が難しいことばです。なぜなら、聖書が教える救いは、肉と霊を切り離して、霊だけが救われるというものではないからです。ギリシア的な肉体の軽視と、霊のみの重視は聖書の教えではありません。むしろ聖書の救いは、霊肉が一体となった人間全体の救いです。

では、なぜパウロはここで「肉が滅ぼされるように」と言ったのでしょうか。カルヴァンは、ここで言われている「サタンに引き渡す」ということが、永遠の滅びではなく、一時的、地上的な滅びにすぎないことを示すためだと言っています。つまり、この除名の戒規によって、罪人は決して最終的な滅びに渡されたのではないということです。

またこう解する者もあります。この「肉が滅ぼされるように」の「肉」とは、人間の罪に堕落した性質を意味しており、戒規によって、そのような罪の性質が滅ぼされて、その人が救われるのだというのです。

いずれにせよ、除名の戒規は、その人の滅びのためではなく、救いのためになされるのです。それゆえ五節の後半でパウロは、「それによって彼の霊が主の日に救われるためです」と付け加えています。「主の日」の救いですから、完全な意味での救いです。パウロは、終末のさばきの日に、除名の戒規を受けた者も、その救いの民の中に混じっていることを期待しています。教会共同体から除外されたことによって、罪人が罪を自覚し、悔い改め、回心に導かれ、そのようにして、再び教会に受け入れられ、共に主の日の救いの恵みにあずかることを、パウロは切に願っているのです。

教会の戒規は、罪を犯した者の懲罰のためになされるのではありません。むしろその人を、本当の意味で霊的に立ち直らせ、救うためです。本人の霊的益のためです。さらにそれは、教会の聖さを維持するためであり、また何よりも、教会の頭《かしら》であるイエス・キリストの名誉のためになされます。戒規がなければ、罪人は罪のうちにとどまることになります。そこから救うことが戒規の役割です。そして罪の処置を通して、教会は罪の自覚と、教会の聖さへの自覚を新たにするのです。

21 真実なパンで祭りを祝う

〈Ⅰコリント五・六～八〉

「あなたがたが誇っているのは、良くないことです。わずかなパン種が、こねた粉全体をふくらませることを、あなたがたは知らないのですか。新しいこねた粉のままでいられるように、古いパン種をすっかり取り除きなさい。あなたがたは種なしパンなのですから。私たちの過越の子羊キリストは、すでに屠られたのです。ですから、古いパン種を用いたり、悪意と邪悪のパン種を用いたりしないで、誠実と真実の種なしパンで祭りをしようではありませんか。」

根源的問題である人間の誇り

パウロが取り上げたコリント教会の第二の問題は、性的不品行の問題でした。コリント教会の信徒の中に、父の妻、つまり義母と一緒になっている者がいたのです。一節から五節でパウロは、不品行を行っている者に対してなすべきことを指示しました。続く六節から八節では、今度は主として教会自身の聖めのことが取り上げられます。教会共同体全体の霊的状態のことが問題とされるのです。

性的不品行を行っている者に対して、本来なら断固たる態度を取るべきであるのに、コリント教会は何もしていませんでした。それはいったいなぜなのでしょうか。それは六節の前半にあるように、彼らの誇りのため、彼らの高ぶりのためでした。

「あなたがたが誇っているのは、良くないことです」とパウロは言います。コリント教会の無感覚ぶりを責めています。つまり、不品行の問題だけが問題なのではないのです。不品行をしていた人だけが問題なのではない。これは特定の人の特別な事件であって、これさえなければコリント教会には問題はない、ということではない。パウロが問おうとしているのは、こうした問題を生み出す根源の事柄なのです。

コリントの信徒たちは、教会内にあったこのような恥ずべき罪について、まったく無関心、無頓着でした。教会の現状を嘆いて悲しむどころか、教会には特に問題がないかのように自己満足に陥っていました。彼らの霊的な感性を鈍らせていたもの、それが誇りであり、高ぶりです。誇りとは、その人が本当に拠りどころとしているもののことです。その人の実存の基盤が、その人が何を誇りとしているかによって明らかになります。パウロはローマ人への手紙の中で、「それでは、私たちの誇りはどこにあるのでしょうか。それは取り除かれました」（三・二七）と語りました。ただ恵みによって義とされたのであり、それゆえ人が神の前に誇る根拠は何もない、とパウロは言いました。そしてキリスト者はただ神を誇るべきだと言いました。神だけが、いのちの根拠、希望の根拠であるからです。

しかしコリントの信徒たちは人間のことを誇っていました。知恵を誇り、地位を誇り、外見を誇りました。人間のことを誇る者は、自己満足に陥ります。そして自己満足に陥っている者は、罪に対する感覚がとても鈍くなっています。罪の自覚が浅いのです。当然、神に対する畏れもあまりありません。となれば、教会における罪や腐敗に対しても無頓着にならざるを得ないのです。

教会もキリスト者もこの世に生きる者です。そしてこの世には、多くの罪や腐敗がありますから、それらから全く影響を受けずに、無関係にいられるわけではありません。キリスト者個人も教会も、この世にあるかぎり、罪との戦いは避けられません。キリストの栄光を現す群れとなるためには、戦いは避けられません。その戦わなければならない教会が、罪の腐敗に対して無頓着になるというのは本当に恐ろしいことです。キリスト者個々人が、自らの罪に対して無感覚になるというのは恐ろしいことです。しかし、現実にはしばしばそういうことが起こります。

その原因は「誇り」だとパウロは言います。人間的な何かを誇ろうとすること、そして頼ろうとすること。そこから、霊的な自己満足が起こり、霊的病に陥っていくのです。

小さな罪が全体を腐敗させる

自己満足に陥っている彼らに対して、パウロはたとえを用いて警告します。「わずかなパン種が、こねた粉全体をふくらませることを、あなたがたは知らないのですか」（六節後半）。

パン種のたとえは、邪悪なことが伝染していくたとえとして、主イエスもしばしば用いられました（マルコ八・一五、マタイ一六・六）。それに倣い、パウロも、悪が伝染し広がるたとえとしてパン種を用いています。大きなパン生地を発酵させるのにも、ほんのわずかなパン種、イースト菌があれば足ります。パン種はわずかでも、パン全体を膨らませることができます。そのように小さな悪を容認してしまえば、その影響は全体に大きく広がります。このことは、教会においても、また個々人においても当てはまります。

教会が罪を黙認すれば、それは必ず教会全体の罪の意識を鈍らせることになります。教会全体の道徳的意識を低下させます。コリント教会について言うなら、性的不品行を行っていた者をそのまま放置すれば、その悪影響は必然的に拡大するのです。

ですから、教会の中にある罪や汚れをたいしたことではない、と思い込むようなことがあってはなりません。大丈夫だと自己満足に陥ってはなりません。罪や腐敗に対する鈍感さや無頓着ほど、結果として教会を深く蝕むものはないのです。

そしてこれは、教会だけでなく、個々人にも当てはまります。私たち一人ひとりが、自分自身の中で悪を容認してしまえば、つまり、神に反逆している要素を曖昧にして温存していれば、パン種が全体を膨らませるように、その人の全体がおかしくなっていくのです。キリスト者としての全体が腐敗していきます。ですから、自分の内なる罪や汚れをたいしたことではないと思い込むようなことがあってはなりません。霊的自己満足に陥ってはなりません。罪を悔い改めずに、これを温存していれば、次第に罪を罪と感じなくなってしまいます。

そして罪の原理がその人の内で力をもつようになります。良心を麻痺させ、神から引き離されていきます。けれども本人は、神から離れているという感覚さえも失っていきます。霊的な渇きというものも失われていく。罪の問題は小さいから大丈夫なのではなくて、小さくても全体を支配するほどの力があることを知らなければなりません。

主イエスもパウロも、だからパン種のたとえを使ったのです。教会にとっても個人にとっても、小さくても罪の問題を曖昧にしてはなりません。わずかのパン種が全体を膨らませることを知らなければなりません。

キリスト者は種なしパン

パン種の性質を強調したパウロは、七節でこう命令しています。

「新しいこねた粉のままでいられるように、古いパン種をすっかり取り除きなさい。」

教会を聖めるようにとパウロは命令しています。もはや、不品行をしている者のことだけではなく、もう少し広がりをもった命令がなされているように思います。教会から「古いパン種」を取り除きなさい、という命令です。

では、この「古いパン種」とは何を意味しているのでしょうか。これは、コリントの信徒たちがキリスト者になる以前の、肉の人としての生き方、考え方を指していると思われます。

コリント教会の信徒の多くは、異教徒から回心した人たちでした。かつては、真の神を知らず、真の神を知らない者としての価値観・道徳観で生きていました。そのときもっていた生活感情がありました。そうした古い生活感情というものを、コリントの多くの信者たちはなお引きずっていました。経済都市であったコリントは道徳的に腐敗した町でした。そうした道徳感覚を引きずっている人たちもいました。また、コリント人たちは、ギリシア人としての知識を誇りとしていた人たちでした。肉の誇りや肉の思いを引きずっている人たちがいました。回心以前の生き方、生活感情のままの人たちがいた。それに対してパウロは、「古いパン種」を取り除くように命じたのです。

コリントの信徒たちの心の中になお根を下ろしていた、そうした肉の思いや肉の誇りが取り去られる必要がある。古い人の原理が取り去られる必要があるのです。そしてそれは「パン種」なのです。小さくても力を奮います。ですから、それは教会から、信徒たち一人ひとりのうちから一掃されなければなりません。

パウロは「古いパン種をすっかり取り除きなさい」と命じましたが、この勧めを基礎づける事実が七節後半で述べられています。

「あなたがたは種なしパンなのですから。私たちの過越の子羊キリストは、すでに屠られたのです。」

パウロはなぜ、コリントの信徒たちに聖めを命じたのでしょうか。それは彼らがすでに「種なしパン」であるからです。つまり、コリントの信徒たちはすでにパン種のない聖い者なのです。すでに聖い者であるから、ますますそうあるようにと勧めているわけです。

パウロはキリスト者とは全く新しい者であると確信していました。コリント人への手紙第二の五章で彼はこう言っています。

「ですから、だれでもキリストのうちにあるなら、その人は新しく造られた者です。古いものは過ぎ去って、見よ、すべてが新しくなりました」(一七節)。

キリスト者は新しく造られた者です。古いものは過ぎ去ったのです。罪の原理から救い出され、聖霊のご支配の下に置かれている者です。聖霊によってイエス・キリストと結びつき、罪を赦され、神の子とされ、また聖なる者とされた者です。

このことが現実となったのは、七節の後半にあるように、「私たちの過越の子羊キリスト」が、「すでに屠られた」からです。キリストが私たちの身代わりとして、十字架の上で血を流してくださったからです。キリスト者は、このキリストの死によって新しく生まれた存在です。キリスト教会も新しい存在です。それが、肉の原理や、古い人の原理と調和することはありません。罪の原理と一致することはありません。

キリストに買い取られたキリスト者は、まさに聖い「種なしパン」なのです。ですから、当然のこととして、古いパン種をきれいに取り除かなければなりません。古いパン種とキリスト者の存在は、いかなる意味でも調和しないのです。

ですからパウロがここで「古いパン種をすっかり取り除きなさい」と命じているのは、何か理想を押しつけているということではありません。道徳や倫理を押しつけているのではありません。パウロが言っているのは、「キリスト者として、本来そうである者になれ」ということです。パウロの命令には根拠があります。それは、あなたがたはすでに新しくされているということです。あなたがたはキリストのものにされているということです。神にある事実、キリストにある事実がある。それゆえにこうしなさいと、パウロは命じているのです。

コリント教会は本当に多くの問題をもっている教会でした。それはコリント教会に特有のことではなく、地上に生きるすべての教会に当てはまることでもあります。この世に生きる教会は常に罪の攻撃を受け、脅かされています。ですから戦いがあります。神のことばによる勧めや指示が与えられ続ける必要があるのです。

その際に大切なことは、パウロがここで戦いの基点として「私たちの過越の子羊キリストは、すでに屠られた」ことを挙げたように、キリストがすでになしてくださったことに目を留めることです。教会は常に、キリストがなしてくださったことに目を留める必要があります。十字架の死によって獲得してくださった恵みの事実に目を留める必要がありま す。

そのキリストにある事実に、私たちはいつも立つ必要があるのです。さらに、そのキリストにある事実に、自分の生き方を一致させるのです。パウロが求めているのはそういうことです。

真実なパンで祭りを祝う

続く八節で、パウロはこう呼びかけています。

「ですから、古いパン種を用いたり、悪意と邪悪のパン種を用いたりしないで、誠実と真実の種なしパンで祭りをしようではありませんか。」

キリストによって買い取られた者は、もはや「古いパン種を用いたり、悪意と邪悪のパン種を用い」て生きることはできません。「悪意と邪悪」こそ、古い生き方の特徴です。そうした古い人の生き方に従ってはなりません。

パウロが求めるのは、「誠実と真実の種なしパン」で祭りを祝うことです。「誠実」とは動機の聖さを表します。内心の動機において、神の前に責められるところのない良心をもつということです。そして「真実」とは、外なる行動における聖さを表します。新しい人として生きるということです。

「祭りをしようではありませんか」とありますが、「祭り」とは神礼拝のことです。それは喜びをもって神に仕える時です。力強く神を喜び、神に仕えるのです。パウロは、特別な祭りのことを考えているのではありません。むしろキリスト者の生涯がこのような祭りだと考えています。つまり、内なる真実と外なる真実をもって、喜びをもって神に仕えて生きようと呼びかけているのです。

イエス・キリストが私たちの過越の子羊として屠られました。十字架の上で、私たちの罪の重荷を背負って苦しんでくださいました。そして罪を贖ってくださいました。これが、私たちの揺るがない希望の根拠です。ですから私たちの生涯は喜びの祭りになるのです。

神は私たちに対して、本当の愛をもって仕えてくださいました。御子を献げて、私たちを愛し、贖ってくださいました。その神の愛に私たちはどう答えるのでしょうか。

パウロは「誠実と真実の種なしパンで祭りをしようではありませんか」と言います。神に対して真実に生きなさいということです。内なる思いと外なる行為において、真実を求めて、神を喜びなさい、ということです。そのような生き方に私たちは招かれています。そして、そこにこそ本当の幸いがあるのです。

22 世にあって世のものでない教会

〈Iコリント五・九〜一三〉

「私は前の手紙で、淫らな行いをする者たちと付き合わないようにと書きました。それは、この世の淫らな者、貪欲な者、奪い取る者、偶像を拝む者と、いっさい付き合わないようにという意味ではありません。そうだとしたら、この世から出て行かなければならないでしょう。私が今書いたのは、兄弟と呼ばれる者で、淫らな者、貪欲な者、偶像を拝む者、人をそしる者、酒におぼれる者、奪い取る者がいたなら、そのような者とは付き合ってはいけない、一緒に食事をしてもいけない、ということです。外部の人たちをさばくことは、私がすべきことでしょうか。あなたがたがさばくべき者は、内部の人たちではありませんか。外部の人たちは神がおさばきになります。『あなたがたの中からその悪い者を除き去りなさい。』」

世にあって世のものでなく

五章に入り、パウロはコリント教会の中にある不品行の問題を扱っています。九節以下では、教会自身の聖さの保持ということを論じていますが、特にこの世との関係に焦点が当てられています。つまり、教会とこの世との関係を問題にしているのです。

九節に、「私は前の手紙で、淫らな行いをする者たちと付き合わないようにと書きました」とあります。この「前の手紙」とは、このコリント人への手紙第一以前に書かれた特定の手紙を指しています。この第一の手紙以前にも、パウロがコリントの信徒に宛てて書いた手紙がありました。使徒パウロと教会との間には、頻繁な手紙の往復があったのだと思われます。しかしここで言われている、以前パウロが書いた手紙は今日残っていません。それは失われました。実際には、パウロが書いて失われてしまった手紙というのはたくさんあるのだと思います。

けれども注意していただきたいのは、失われた手紙があるということは、決して聖書が不完全だという意味ではありません。使徒が書いた手紙の多くが今日残っていないからといって、聖書が不十分であるということではありません。宗教改革者のカルヴァンはこう述べています。

「今日わたしたちは、パウロがここで語っている手紙を持っていない。うたがいもなく、ほかにも紛失した手紙がたくさんあるにちがいない。しかし、わたしたちは、主がわたしたちにとって十分であるとお認めになった手紙を与えられていることだけで、よろこばなくてはならない」（『カルヴァン新約聖書註解Ⅷ　コリント前書』一二八頁）。

代々の神の民にとって必要なものは保存され、聖書に加えられました。そこに神の摂理の御手があります。ですから私たちは、聖書に加えられたことばだけで十分です。

その以前の手紙の中でパウロは「淫らな行いをする者たちと付き合わないように」と命じました。コリント教会における腐敗を聞いて、彼は手紙で命令したのです。しかし、このパウロの命令は誤解されたようです。つまり、コリントの信徒たちは、このパウロの命令にある「淫らな行いをする者」というのを、教会外の一般の人たち、真の神を知らない人たちのことだと理解し、パウロはそうした神を知らない人と一切の接触を断つことを命じていると考えたのです。

そして、コリントの信徒たちは、そのパウロの命令を批判しました。それは非現実的で、不可能なことだと思いました。それゆえ彼らはパウロの命令を無視しました。そして結果として、教会内における不品行も放置、黙認されていたのです。

パウロはここでその誤解を解こうとしています。それゆえ、一〇節でこう述べています。「それは、この世の淫らな者、貪欲な者、奪い取る者、偶像を拝む者と、いっさい付き合わないようにという意味ではありません。そうだとしたら、この世から出て行かなければならないでしょう。」

パウロが「淫らな行いをする者たちと付き合わないように」と命じたのは、そうした人たちといっさい付き合ってはならない、という意味ではありませんでした。パウロは誤解を訂正しています。この世には、淫らな者とか貪欲な者、また、奪い取る者や偶像を拝む者たちがいるのです。罪の世ですから、それは当然のことです。そしてパウロはそうした罪人たちとの接触をいっさい断てと言ったのではありませんでした。彼自身言うように、もしそうだとしたら、世の中から出て行くしかありません。しかしパウロはそのように、キリスト者が世の一般の人たちとの接触を断って、世の中から出て行くことを命じたのではないのです。

確かに歴史上、世から出ることによって、汚れを避けることを選んだ人たちもいました。しかしパウロはそういうことを命じたのではありません。世の中から出て行くべきだ、と言ったのではない。むしろ、世のただ中で生きることを彼は望んでいるのです。その意味で、パウロの教会観は、孤立主義やセクト主義ではありません。この世を嫌って世捨て人になることや、隠遁生活を送ることを決して求めていません。それはキリスト教的な生き方ではないからです。

この手紙が書かれた当時であれば、異邦人の家で仕える奴隷のキリスト者もいました。

また、キリスト者でない者を配偶者とする者もいました。そして、通常の社会生活、職業生活において、キリスト者でない人との付き合いがあるのは当然でした。それをすべて避けるのは不可能であり、パウロは決してそういうことを望んでいたのではありません。

事情は私たちも同じです。私たちはこの世に生きています。そしてこの世の多くの人たちとの接触の中、交際の中で生きています。そして、多くの人はキリストを知らず、また知らないがゆえにパウロが挙げたような悪徳をもつ人もいるでしょう。この世に生きるかぎり、こうした人々との接触や交際が全くないということは不可能です。

パウロはそのような不可能なことを求めているのではありません。世捨て人になることを求めているのではありません。パウロが求めているのは、キリスト者も教会もこの世に生きることとです。しかし、世にあって世のものでないことが大切なのです。

それは聖書の表現を借りるならば、「寄留者としての生き方」「旅人としての生き方」をするということです（Ｉペテロ二・一一）。旅人はいつもその場が本拠地ではありません。一時的な場です。そして目的地をもちます。キリスト者もまさにそれと同じです。キリスト者はこの世に生きますが、この世が本拠地ではない。それは一時的な場です。また目指す所があります。しかし、その一次的な場でも、しっかり責任を果たすのです。

そこが本拠地ではないということは、そこの人になりきってはならないということです。キリスト者はこの世にあって、この世のものではない。そのような生き方が、私たちには基本的に求められているのです。

信仰告白と生活が矛盾してはならない

キリス者も教会もこの世にありますが、この世のものでないことをはっきりさせなければなりません。パウロは、コリント教会がその点をはっきりさせることを強く求めています。つまり、彼が問題としたのは、教会の外のことではなくて、教会の中のことでした。すなわち、教会の中がこの世と同じようになっていないか、もしなっているならば、それを正すようにと求めているのです。パウロは一一節でこう述べています。

「私が今書いたのは、兄弟と呼ばれる者で、淫らな者、貪欲な者、偶像を拝む者、人をそしる者、酒におぼれる者、奪い取る者がいたなら、そのような者とは付き合ってはいけない、一緒に食事をしてもいけない、ということです。」

「兄弟と呼ばれる者」ですから、教会の中の人、教会員のことです。キリストを告白している教会員でありながら、生き方がそのことに伴っていない人のことがここで問題とされています。パウロは、その生活が信仰告白を裏切っている人とは付き合うな、一緒に食事もするな、と命じているのです。

パウロが数え上げている悪徳、キリスト者として容認してはならない悪徳を確認しておきましょう。第一は「淫らな者」です。これは不法な性的行為にふける者ということです。ここで特に問題となっていた義母と一緒になっている人のことなどが、これに当たります。

第二は「貪欲な者」です。いつも満たされない思いをもって、もっと欲しいという欲望に捕らわれている者のことです。欲に捕らわれていること、物欲のとりこ。この世の富を愛し、それを追求する者のことです。

第三は「偶像を拝む者」です。堂々と偶像を礼拝する者が教会員として受け入れられるということは考えられませんから、これは異教的な行事や慣習から抜け切れていない人のことを指していると思われます。

ギリシア・ローマ的な社会生活というのは、しばしばその宗教的慣習と一体化していました。通常の市民生活の中に異教的慣習が組み込まれていました。ですから、キリスト者として生きるということは、そうした異教的慣習と自覚的に戦うことなしにはできないことでした。しかしそれを曖昧にし、誤魔化している者たちがいました。けれども、偶像崇拝ほど、主のみこころを痛め、またキリスト者自身を腐敗させるものはないのです。

第四は「人をそしる者」です。汚いことばで人を攻撃し、罵倒する者のことです。人をののしり、誹謗する者のことです。

第五は「酒におぼれる者」です。泥酔する者、酔っ払いということです。

第六は「奪い取る者」です。泥棒、強奪者、強盗のことです。正当な分以上のものを、力ずくで手に入れて、それを抱え込む者のことです。

パウロは以上六つの悪徳を数え上げ、教会内ではそれらの罪との絶縁を無条件に求めました。おそらく、まだキリスト者になって間もない人が多かったコリント教会には、中途半端な立場の人が少なからずいたのだと思われます。この世が罪の世であり、キリスト者といえどもその世に生きるのですから、その影響から全く自由であることは無理でしょう。しかしパウロは決して、だから仕方がない、とは言いません。仕方がないと考えることをパウロは許しません。世の腐敗がひどいから、教会に腐敗がある程度あっても仕方がないとは言いません。

むしろ、この世の罪に染まって生きる人を、教会において曖昧に許してはいけないとパウロは言います。そうした人とは付き合うな、一緒に食事もするな、と言う。「付き合う」と訳されていることばは、一つにまとまるとか、混じり合うという意味のことばです。相手から影響を受けるような親密な交際を意味します。教会において罪が曖昧に容認され、そうした罪にふける人との交わりがあれば、結局、罪を奨励する交わりとなってしまいます。パウロは断固としてそれを許しません。罪にふける人を交わりから断つように命じます。そしてそうした人とは、私的にも親密に交わることを禁じているのです。

キリスト者であると告白している者が、同時に、ここで挙げられたような悪徳にふける者であるということは大きな矛盾です。これは、キリストを告白しつつ、生活ではそれを否定しているということです。キリストを信じるというのは、自らの罪を認め、悔い改めて、キリストの赦しを受け入れることです。そして今後は、罪の生活ではなく、キリストのみこころに従って生きるという決心を伴うものです。

ですから、キリスト者にとってイエス・キリストは、救い主であると同時に、自らの主となります。もはや自分が主人ではなく、しもべとなって、主人であるイエス・キリストに従って生きるのです。しかし、そうであるはずのキリスト者が、なお罪に浸りきっているならば、それはキリストを信じるという告白が偽りだということにならざるを得ません。パウロは明らかに、「兄弟と呼ばれる者で」このような罪にふける人を、本当の兄弟とは見ていません。そうした、生活や行動で明らかに信仰告白を否定している人をさばくことを求めています。

教会は、もちろん道徳的に立派な生活をすることを第一の目的にしているのではありません。教会は自分の罪を知っている者の集まりです。そして、ただその罪がキリストによって赦されたことを知り、感謝して神のために生きる者の集まりなのです。ただ恵みによって罪を赦されたのですから、その神に対して誠実である必要があります。神が求めておられる聖さを求めて生きる必要があるのです。

世のために存在する教会

最後にパウロはまとめとしてこう述べています。

「外部の人たちをさばくことは、私がすべきことでしょうか。あなたがたがさばくべき者は、内部の人たちではありませんか。外部の人たちは神がおさばきになります。『あなたがたの中からその悪い者を除き去りなさい』」（一二～一三節）。

「外部の人たち」「内部の人たち」とは、教会共同体の外の人、内の人の意味です。外部の人をさばくのは、パウロの仕事でも、コリント教会の仕事でもありません。パウロは「外部の人たちは神がおさばきになります」と述べています。

教会の外の人たちは神がさばかれます。だれも神のさばきを免れることはできません。この世においては何も咎められることはなかったとしても、そして欲しいがままにふるまうことが許されていたとしても、最後にはすべてについての神のさばきがあります。その神のさばきから、だれも逃れることはできません。

神がさばかれるのですから、教会が外部の人たちをさばく必要はありません。しかし、これは教会が、教会外のことに対して無関心、無頓着になってよいということではありません。

教会はこの世に生きる者として、この世をしっかり見つめ、正しい批判力をもつ必要があります。この世の罪を認めて、警戒する必要がありますし、この世において神のことばによって預言者的な使命を果たす必要もあります。しかし、戒規のような裁判権を、教会外の人たちに対してもつことはありません。それは教会のなすべき事柄ではないのです。

パウロが求めているのは、教会内部においてなすべき義務をしっかり果たすことです。教会の秩序と純潔を保つために、戒規の権能が正しく行使されなければなりません。

一三節の最後にある「あなたがたの中からその悪い者を除き去りなさい」は、申命記一七章からの引用です。パウロは最後に、旧約聖書のことばを引用して、悪い者を取り除くことを単純明快に要求しました。教会の中に悪の存在を許容してはならないのです。

こうしたパウロの命令の背後には、彼の明快な教会観があることが分かります。パウロは、教会が教会であるための自覚と努力の大切さを訴えています。教会は、独自の性格と使命をもった共同体なのです。すなわち教会は、神の選びの民であり、新しいイスラエルです。神の民である教会は、この世にあって、この世のものではありません。

ですからパウロは、教会とこの世との間に、鋭い境界線が引かれることが大切だと訴えているのです。この世の基準と、教会の基準は同じであってはなりません。教会とこの世との間に境界線がなければ、教会は世に呑み込まれ、世の一部になってしまいます。そうなれば、もはや教会は教会ではないのです。教会とこの世ははっきりと区別されていなければなりません。

しかし同時に、教会は世のために存在することも忘れてはなりません。主イエスが言われたように、神の民は「地の塩」「世の光」なのです（マタイ五・一三、一四）。光は世を照らすためであり、塩は世の腐敗を防ぐためです。教会が世にあるということは、そこに神の使命と奉仕があるということを、私たちは自覚しなければなりません。

けれども、そのためにもまず教会は真の教会でなければなりません。パウロはそのために、さばきの必要、戒規の必要を訴えました。教会は罪を曖昧にせず、教会としての聖さを保つために、さばきをなさなければなりません。愛や寛容という理由で、教会は罪に対し、悪に対して、寛大になってはなりません。それは結局、教会の頭《かしら》であるイエス・キリストの御名をはずかしめることになってしまうのです。

23　教会の自律性

〈Ⅰコリント六・一～七〉

「あなたがたのうちには、仲間と争いを起こしたら、それを聖徒たちに訴えずに、あえて、正しくない人たちに訴える人がいるのですか。聖徒たちが世界をさばくようになることを、あなたがたは知らないのですか。世界があなたがたによってさばかれるのに、あなたがたには、ごく小さな事件さえもさばく力がないのですか。あなたがたは知らないのですか。私たちは御使いたちをさばくようになります。それなら、日常の事柄は言うまでもないではありませんか。それなのに、日常の事柄で争いが起こると、教会の中で軽んじられている人たちを裁判官に選ぶのですか。私は、あなたがたを恥じ入らせるために、こう言っているのです。あなたがたの中には、兄弟の間を仲裁することができる賢い人が、一人もいないのですか。それで兄弟が兄弟を告訴し、しかも、それを信者でない人たちの前でするのですか。そもそも、互いに訴え合うことが、すでにあなたがたの敗北です。どうして、むしろ不正な行いを甘んじて受けないのですか。どうして、むしろ、だまし取られるままでいないのですか。」

教会のトラブルを裁判所に訴える傾向

六章から新しい問題に入ります。それは、教会員同士の争いに関する問題です。一節でパウロは言っています。

「あなたがたのうちには、仲間と争いを起こしたら、それを聖徒たちに訴えずに、あえて、正しくない人たちに訴える人がいるのですか。」

「あなたがたのうち」ですから、教会員同士のことです。教会員同士が日常的なことで私的な争いをしたとき、その事件をこの世の法廷に持ち出していました。それをパウロは問題にしています。「それを聖徒たちに訴えずに、あえて、正しくない人たちに訴える人がいるのですか」とありますが、これは論争的な語り口です。どうしてそんな愚かなことをするのか、という嘆きを伴った言い方です。

パウロは、教会員同士の私的な争いがこの世の裁判所に持ち出されることはふさわしくないと考えていました。しかし誤解のないように言っておきますが、パウロは、教会に関わるすべての問題は教会内で処理すべきであり、この世の法秩序に頼るべきではない、と言っているわけではありません。実は教会の歴史の中では、教会やキリスト者はどんなことでもこの世の裁判に訴えるべきではない、と主張されたことがありました。しかしそれは聖書の教えではありません。たとえばローマ人への手紙一三章では、為政者は神のしもべとして立てられているのであって、社会において善悪を判断し、秩序を守る務めをもつことを教えています。この世の権力、公権というものの意味をパウロは積極的に教えています。さらには、パウロ自身がこの世の法廷に訴えたこともありました。使徒の働き二五章には、捕らえられ、訴えられたパウロが、当時の最高法廷であるローマ皇帝に上訴したことが記されています。

このように、キリスト者がこの世の法廷に訴えて正義を主張すること自体を、聖書は禁じているわけではありません。このコリント人への手紙でパウロが問題としているのは、そういう問題ではないのです。

コリントのあった当時のギリシアの人々は、小さな問題でもすぐに裁判に訴えるほど、裁判好きであったと言われます。そして当時の世俗の裁判は、あまり公平なものではありませんでした。身分の高い人、裕福な人にとって有利な判決が下される傾向が顕著にありました。裁判官自身が、身分の高い特権階級に属していましたから、自分の属する社会層の人々に基本的に親近感を抱いていましたし、身分の高い人だけがお金を使って弁論にたけた職業的演説家を雇うことができました。さらには、裕福な人は必要に応じて賄賂を用い、自分に有利な判決に導くことができました。

それが当時の、この世の裁判の実態でした。弱者を守る裁判というよりも、強者を守る裁判であったのです。ですから、裁判を積極的に起こすのは、裕福な者、身分の高い者だったと思われます。そのような裁判好きの傾向が教会にもあったわけです。

二節にあるように、持ち出される事件というのは「ごく小さな事件」でした。本来、法廷に持ち出すほどのことではないような事件です。重大ではない事件です。

教会員同士の交わりの中での些細なトラブル、金銭的なトラブルが、いきなりこの世の裁判所に持ち出される。この世の裁判好きと同じことが教会の中で起こっている。それをパウロは、教会にとってふさわしくないことだと問題にしているのです。

なぜ裁判所に訴えるのがふさわしくないのか

パウロは、それがキリスト者また教会にとってふさわしくない理由をいくつか挙げています。

第一はキリスト者の身分のゆえです。パウロは一節でキリスト者を「聖徒たち」と呼んでいます。取り分けられて、神のものとされた人という意味です。ちょうど、イスラエルがエジプトから神によって救い出されたように、キリスト者もまさに古い世界から救い出された者です。召し出されて聖徒とされた者たちです。

そのようなキリスト者が、なお古い世界の原理で生きるのは矛盾していると言えます。

一節の「正しくない人たち」というのは、神のものとされていない人、非キリスト者のことを指していますが、彼らの法廷に安易に訴えるのは、神のものとされたキリスト者にはふさわしくないのです。

コリントの信徒たちの行為がふさわしくない第二の理由は、キリスト者に対する将来の約束のゆえです。二節、三節にこうあります。

「聖徒たちが世界をさばくようになることを、あなたがたは知らないのですか。世界があなたがたによってさばかれるのに、あなたがたには、ごく小さな事件さえもさばく力がないのですか。あなたがたは知らないのですか。私たちは御使いたちをさばくようになります。それなら、日常の事柄は言うまでもないではありませんか。」

ここで「聖徒たちが世界をさばく」とあるように、キリスト者は、終わりの日に、審判者として最後のさばきに加わる者です。これは主イエスが言われたことです（マタイ一九・二八）。最後の審判で、聖徒たちは主のさばきを補佐する役目につく。これは、旧約聖書のダニエル書の預言の中にも記されていることです（七・二二、二七）。

その最後の審判においては、「御使いたち」さえさばかれることになります。御使いたちは、被造物の中で最も高い立場にある者です。しかし、終末においては、すべてのものはキリストに従属します。そしてキリスト者は、このキリストとともに、またキリストのゆえに、この御使いたちさえもさばくことになる。再臨のキリストが万物を支配されるとき、教会はキリストの体として、キリストとともに支配する者となるのです。

エペソ人への手紙二章にはこうあります。

「しかし、あわれみ豊かな神は、私たちを愛してくださったその大きな愛のゆえに、背きの中に死んでいた私たちを、キリストとともに生かしてくださいました。あなたがたが救われたのは恵みによるのです。神はまた、キリスト・イエスにあって、私たちをともによみがえらせ、ともに天上に座らせてくださいました」(四〜六節)。

ただキリストの恵みとあわれみのゆえに、また愛のゆえに、罪人にすぎなかった者たちが罪を赦され、キリストによって生きる者とされ、そして「ともに天上に座らせて」いただける。キリストのご支配の中で、キリスト者もそれを補佐し、それにあずかる者とされる。それがキリスト者に約束されていることです。

パウロは、終末的な視点からこの問題を見ています。そして、将来の希望の約束から見たとき、コリントの信徒たちのしていることの問題を指摘せずにはいられませんでした。将来、キリストとともに世をさばくあなたがたが、なぜ小さな事件すらさばくことができないのか、と。本来正しくさばく側であるはずの者たちが、それをせずに、またできずに、この世の裁判官の前にそれを持ち出すことは、まさに恥ずべきことだと言うのです。

パウロは、教会の輝かしい将来の約束と、小さな問題も処理できない愚かな現実の教会を対比しています。そして、彼らを恥じ入らせようとしているのです。

彼らの行為がふさわしくない第三の理由は、彼らの一貫性のなさです。パウロは四節で言っています。

「それなのに、日常の事柄で争いが起こると、教会の中で軽んじられている人たちを裁判官に選ぶのですか。」

「教会の中で軽んじられている人たち」と訳されていますが、「蔑まれている人たち」ということです。具体的には、世俗の裁判所の裁判官たちのことを指しています。

コリントの信徒たちは、キリスト者としての誇りをもっていた人たちです。とりわけ、自分たちには知恵があり、いわば高いレベルの信仰者だと誇っていた人たちです。そして彼らは、キリストを知らない異教徒たちを見下していました。取るに足らない人たちだとみなしていました。しかしその彼らが、小さな問題さえ自分たちで処理することができずに、世俗の裁判所に持ち込んでいるということは大きな矛盾です。口では異教徒たちを蔑みながら、実際は、問題の解決を異教徒に委ねているのです。

これは結局、自分たちが本当に信頼しているのは信仰共同体ではなく、異教文化だと言っているようなものです。蔑みつつ、実はそれに依存している。そのような、矛盾と一貫性のなさを、パウロは指摘しているのです。

真の知恵に欠ける教会の姿

コリントの信徒たちの矛盾を明らかにしたパウロは、さらに厳しく切り込んでいきます。五節、六節で彼は言います。

「私は、あなたがたを恥じ入らせるために、こう言っているのです。あなたがたの中には、兄弟の間を仲裁することができる賢い人が、一人もいないのですか。それで兄弟が兄弟を告訴し、しかも、それを信者でない人たちの前でするのですか。」

「私は、あなたがたを恥じ入らせるために、こう言っているのです」とパウロは率直に言います。彼がここで問題としているのは、コリントの信徒たちが誇っていた「知恵」のことです。彼らは、自分たちの知恵を誇っていました。「それなのに、これはいったい何なのか」とパウロは言っているのです。

「あなたがたの中には、兄弟の間を仲裁することができる賢い人が、一人もいないのですか」という言い方は、自分たちを「知恵ある者」と思い上がっていたコリントの信徒たちに対する痛烈な皮肉です。「君たちの知恵とはいったい何なのか。君たちの中には仲裁者になれる知者はいないのか」ということです。

パウロによれば、真の知恵をもつならば、状況は全く違うはずだということです。教会は本来、その程度の争いは、自分たちで処理できるほどに成熟していなければならないということです。なぜなら、キリスト者は神による新しい存在であり、教会はこの世にある単なる一つの集まりではなく、聖徒の交わりであるからです。ならば、それにふさわしい秩序と、問題に対処する能力をもつべきではないか、とパウロは言います。キリスト者は、神の恵みによって取り分けられた聖徒です。教会は、この世にあってこの世のものではない、新しい交わり、聖徒の交わりです。パウロはその証しを求めているのです。

結局コリントの信徒たちは、自分たちが本質的に何者であり、教会が何であるかが分かっていませんでした。六節にあるように、信仰のない人々の前で、兄弟が兄弟を告訴していました。教会員同士の小さな争いを外に持ち出して暴露し、教会の評判をおとしめていました。それでいて知恵を誇り、高ぶっていたコリントの信徒たちに、パウロは憤りを感じざるを得ませんでした。教会は、聖徒の集まりにふさわしい知恵を備える必要がありま す。また、聖徒の交わりにふさわしい秩序を維持し、この世に依存するのではなく、自律的に生きるだけの分別をもつ必要があるのです。

赦しと愛に生きる共同体

こうして、パウロが最も問題としていたことが何であるかが明らかになってきました。

それを一言で言うならば、「教会が教会になっていない」ということです。彼は七節の前半でこう言っています。

「そもそも、互いに訴え合うことが、すでにあなたがたの敗北です。」

教会員同士に争いがあり、それが世俗の法廷に持ち込まれている。裁判ですから、判決によって、どちらかが勝つでしょう。当時の裁判の状況からするなら、裕福な方、身分の高い方が勝つでしょう。しかし、パウロははっきり言うのです。勝利者は一人もいないと。たとえ一方が裁判に勝っても、それは本当の勝利ではありません。むしろ、この事態そのものが教会の敗北なのです。教会全体が負けたも同然です。

教会の敗北とはいったい何でしょうか。また逆に、教会の勝利とはいったい何でしょうか。それはひとえにキリストの栄光にかかっています。

教会がキリストの栄光を明らかにすることができるならば、それを証しすることができるならば、それは教会の勝利です。しかし、キリストの名誉を汚すならば、他の点でどんなに恵まれているように見えたとしても、教会の敗北にすぎません。たとえ教会に多くの人が集まり、どんなに立派な会堂があったとしても、外見がどんなに立派に整ったとしても、キリストのからだとしての教会の証しが立てられないならば、それは教会の敗北にすぎないのです。

五章にありましたように、コリント教会は重大な罪を放置していました。また、その一方で、小さな日常的な教会員相互の争いが、この世の裁判所に持ち出されていました。つまり、教会が教会として本来もっていなければならない、教会としての知恵や秩序に欠けていたのです。

神によって取り分けられた者の群れである教会が、本来もつべき自律性に欠けていました。コリントの信徒たちは高ぶって、自分たちはより高いレベルの信仰者だと思っていました。しかしパウロは、そうしたコリント教会の現状を、教会の敗北だと語っているのです。

では、コリントの信徒たちが教会員同士の些細な問題をこの世の裁判所に訴えている、その本当の原因はどこにあるのでしょうか。訴えている人は、自分は正義のためにしていると言うかもしれません。また、自分が不当な扱いを受けたのだから、訴えるのは当然だと言うかもしれません。しかし、彼らを本当に動かしていたのは、自己のプライドの強さでした。自己のプライドが強いがゆえに、自分に対する小さな失礼や、小さな損失も赦すことができないのです。赦す力が弱く、さばく思いだけが強くなっているのです。

コリント教会のように、教会にこの種の裁判沙汰があるということは、教会員の各々が自分の利益や権利だけを主張して争っているということです。教会において、自己主張とプライドが前面に出ている。そしてそこで枯渇しているのは、キリストにある相互の愛です。「キリスト者らしい愛」の欠如があります。パウロは七節の後半でこう言いました。

「どうして、むしろ不正な行いを甘んじて受けないのですか。どうして、むしろ、だまし取られるままでいないのですか。」

自分の権利をむき出しにして、責める思い、さばく思いばかりに生きているコリントの信徒たちにパウロは問いかけました。この問いかけは、彼らの眼差しをキリストに向けさせることを意図していると言えるでしょう。

イエス・キリストはどうであったのか。キリストほど、不義を甘んじて受けた方はいません。奪われるままでおられた方はいません。何の罪も犯さなかった方が、罪人として糾弾され、虐待されました。不義を甘んじて受けられた。また奪われるままでおられました。さらには、十字架にかけられ、嘲られました。

しかし主イエスは、自らを殺そうとした者たちのためにも、とりなしの祈りをされました。自分の権利や利益を主張することは全くなく、ひたすら赦しに生きられました。そして、まさに十字架の死によって、私たちの罪の赦しを実現してくださいました。

パウロは、コリントの信徒たちに「このキリストを見よ」と言います。不義を甘んじて受けられた、また奪われるままでおられたキリストを見よ、と言います。そして、その愛によって救われたあなたがたは、今どうなのか、と問うのです。なぜキリストの愛に生きないのか。赦しではなく、責める思いばかりに生きるのか。なぜ自分の主張ばかりを前面に出して、人をさばき、訴えることばかりしているのか。それは、キリストの愛を受けたあなたがたにふさわしいことなのか、と訴えているのです。

この問いかけは、そのまま私たちに対する問いかけでもあります。私たちは、自分のことをよく省みなければなりません。私たちは、赦しよりもさばきに生きていることはないでしょうか。愛することよりも、怒りに生きていることはないでしょうか。自分に対する、人からの小さな不愉快や不利益を赦さずに、いつまでも心の中で怒りを燃やすようなことがないでしょうか。それでいて、自分が人に与えた不愉快や不利益に鈍感になっているということはないでしょうか。いや実際は、人からされたことを赦せないと思っている人ほど、自分が人にした行為に鈍感になっていることが多いのです。

イエス・キリストが言われたことは、私たちが互いに赦し合う者となることです。なぜなら、私たちはだれしも、もっと大きなことを赦された者たちであるからです。罪人である私たちは自分の中に、人を赦すことができる力をもっていません。私たちが本当に人を赦すことができるには、自分がどれほど赦されたかを知る以外にはありません。自分が人を愛することができるようになるには、自分がどれほど愛されているかを知る以外にはありません。

ですから私たちがいつも目を留めるべきなのは、イエス・キリストの十字架なのです。神のひとり子である主イエスが、その当然の権利を主張するのではなく、不義を甘んじて受け、命をささげてくださった。罪に対する身代わりの死によって、何の価もない私たちは、罪を赦されて、愛する神の子とされたのです。

　愛された者として、愛し合うことが求められています。いや、愛された者であるがゆえに、私たちは愛し合うことができます。教会は、愛し合い、赦し合う共同体です。そのようにして、キリストの栄光を証しします。赦しと愛によって、この世とは違う自律した共同体を立てる。そこに、私たちに対する神からの使命があるのです。

24　神の国を相続する者

〈Ⅰコリント六・八〜一一〉

「それどころか、あなたがた自身が不正を行い、だまし取っています。しかも、そのようなことを兄弟たちに対してしています。あなたがたは知らないのですか。正しくない者は神の国を相続できません。思い違いをしてはいけません。淫らな行いをする者、偶像を拝む者、姦淫をする者、男娼となる者、男色をする者、盗む者、貪欲な者、酒におぼれる者、そしる者、奪い取る者はみな、神の国を相続することができません。あなたがたのうちのある人たちは、以前はそのような者でした。しかし、主イエス・キリストの御名と私たちの神の御霊によって、あなたがたは洗われ、聖なる者とされ、義と認められたのです。」

不正に対して不正で対抗しない

コリント教会では、教会員の間に小さな争いがあり、それがこの世の裁判所に持ち出されていました。主イエスは、不正に対して不正で対抗するのではなく、むしろ不正に耐えることこそ神の国にはふさわしいと教えられました（マタイ五・三九〜四〇）。しかし、コリントの信徒たちの現状はそうではありませんでした。八節にこうあります。

「それどころか、あなたがた自身が不正を行い、だまし取っています。しかも、そのようなことを兄弟たちに対してしています。」

コリント教会では、不正に耐える愛ではなく、利己心が支配していました。互いに訴え合っているということは、当人は自己の当然の権利を主張していると考えていたのでしょう。正義の実現を願っていると言っていたのかもしれません。しかしパウロは、それは相手を害していることだと言います。

訴えるということは、相手を赦していないということです。心の中で相手に対して怒りを燃やしているということです。そうした心が良いものを生み出すことはありません。赦せない心や怒りの心から出てくるものこそ、不正にほかならないのです。

また、教会員同士の小さな問題を、教会の交わりの中で解決できず、この世の法廷に訴えているということは、教会を辱めることにほかなりません。それでどうして教会は福音を証しすることができるでしょうか。教会は、人間のすべての問題の解決はここにある、人間の真の希望はここにあると宣べ伝えているところです。その教会が、些細な問題を自分たちで解決できないとしたら、人々は教会の言うことを信頼するでしょうか。教会の語ることばを信頼するでしょうか。

コリントの信徒たちは、この世の人々と同じように不正を行っていました。これはキリスト者にあってはならないことです。そして、不正はもちろんだれに対しても不正ですが、パウロが八節の最後で言っているように、「兄弟たちに対して」そうしていることはさらに重大なことです。なぜならキリスト者は、イエス・キリストから兄弟愛を命じられているからです。イエス・キリストはヨハネの福音書の中で言われました。

「わたしはあなたがたに新しい戒めを与えます。互いに愛し合いなさい。わたしがあなたがたを愛したように、あなたがたも互いに愛し合いなさい。互いの間に愛があるなら、それによって、あなたがたがわたしの弟子であることを、すべての人が認めるようになります」（一三・三四〜三五）。

主はとりわけ教会に対して、互いに愛し合うことと、その愛によって主の教会としての証しを立てることを求めておられます。そして教会にこの世とは違う愛があるならば、それによって人々はイエス・キリストのことを知るようになるのです。

正しくない者は神の国を相続できない

パウロは九節以下でも、教会員同士の争いをこの世の裁判所に持ち出すことがふさわしくない理由を展開していきます。

「正しくない者は神の国を相続できません」（九節）。

ここの「神の国」は、「天国」と言い換えてもよいでしょう。キリスト者が最終的に希望を置いているところです。キリストが再び世に来て、そして完成される神の国。それは、栄光に満ちた、キリスト者が待ち望んでいる国です。聖書の約束によれば、キリスト者はそこで復活の体を与えられて永遠に祝福のうちに生きることになります。そのような国が、ここで言う「神の国」です。

ですから、その「神の国」に入ることがキリスト者の終極の希望です。パウロはその神の国に入ることについて、命題的に「正しくない者は神の国を相続できません」と言っているのです。ことばを変えて言えば、正しい者しか神の国に入ることはできない、ということです。そして正しいか正しくないかの基準は、人間によるのではありません。人間的に正しければ神の国に入れるのかと言えば、そうではない。神の基準によって正しいとされなければ、神の国に入ることはできないのです。

パウロはこのことばで、コリントの信徒たちに警告しています。彼らは争い合っていましたが、それに心を痛めるのではなく、いい気になっていました。自分たちは、立派なレベルの高いキリスト者だと思っていました。しかし彼らの信仰は、行動と結びついていませんでした。彼らの信仰は、生活によって証しされるものではありませんでした。そうした彼らに対して「正しくない者は神の国を相続できません」と、パウロは警告しました。そのような姿勢では、究極の希望である「神の国」にはあずかれない。救いにあずかれない、と厳しく警告したのです。

コリントの信徒たちの大きな問題は、信仰が具体的な生活に結びついていなかったことです。信仰は、いわば宗教という狭い領域の中での事柄となっていました。

このことは、私たちにも問われていることです。毎週礼拝を守っている、教理の知識をもっている、また献金もしっかりしている。そうしたことはもちろん非常に大切なことですが、そういうことで私たちは神の国に入れるのではありません。狭い意味での信仰生活が、信仰のすべてではありません。生活や生き方全体が問われずに、狭い意味での信仰によって神の国に入れるのではないのです。そうではなくて、神の国に入るにはその人が正しくなければならない、とパウロは語ります。

それゆえパウロはさらに厳しく言います。九節の続きにこうあります。

「思い違いをしてはいけません。」

コリントの信徒たちは、自分たちはキリスト者であり、神の国の相続人だと思っていました。しかしパウロはその彼らに「思い違いをしてはいけません」と言います。

これまで見てきたように、教会の中で党派争いをしたり、不品行を行ったり、さらには些細な問題をこの世の法廷に持ち出したりしているコリントの信徒たち。それでいて、なお高ぶり、自己満足に陥っていた彼らに対して、パウロは厳しく警告しています。つまり、そんな者が神の国に入れると思ったら大間違いだ、と言うのです。どんなに自分たちはキリスト者だ、神の国の相続人だと主張していても、このような悪を容認したままで天国に入れると思ってはいけない、とパウロは言います。

「思い違いをしてはいけません」とは、「都合の良いように考えるな」ということです。何でも安易に赦されると考えて、悔い改めもせずに罪を曖昧にしていることはないか。そのようにして神を欺いているならば、神の国を受け継ぐことはない、とパウロは言います。

コリント教会には、キリスト者と言いながらも、実際は異教的な観念で生きている者たちがいました。キリスト教の信仰のことばを使います。しかし、中身は異教的な枠組みを維持している。キリスト教を異教化していた人々がいたと思われます。

聖書によれば、人間は神に創造された存在であり、人間は神に従う存在であるというのが基本です。神を畏れ、神に従うのが信仰の基本です。しかし、コリントには神を畏れることを知らず、神に従うことを知らない者たちがいました。神に従って生きるのではなくて、自分に神を従わせようとしている者たちがいました。つまり、神を自分の都合の良いように考えるということです。それでいて自己満足に陥っていました。自分たちは、神の祝福にあずかっていると思い込んでいました。しかしそうした者たちにパウロは「思い違いをするな」と言います。そのような姿勢では神の国を継ぐことはできない、と言うのです。

続いてパウロは、神の国にふさわしくない一〇の悪徳を数え上げています。これらは、道徳が乱れていたコリントの一般社会に多くあった悪徳だと思われます。前半の五つ、すなわち「淫らな行いをする者、偶像を拝む者、姦淫をする者、男娼となる者、男色をする者」は、性的な罪です。当時の偶像礼拝は、性的不道徳と一体でした。後半の五つ、すなわち「盗む者、貪欲な者、酒におぼれる者、そしる者、奪い取る者」は、主として他者に害を及ぼす罪です。

パウロは、こうした具体的な罪を挙げることによって、コリントの信徒たちに胸に手を当てて考えるように促しています。コリント社会にあるこうした悪徳に、あなたがたは染まっていないか、ということです。本当に神の国にふさわしい生き方をしているか、生活をしているか、それを考えてみよ、ということです。信仰と生活が切り離されていないか、ということです。「正しくない者は神の国を相続できない」のです。その点あなたがたはどうなのか、とパウロは問うているのです。

洗われ、聖なる者とされ、義と認められる

「正しくない者は神の国を相続できません。」しかしパウロは、だから正しい生活をし

て、それによって神に認めてもらい、神の国に入りなさい、と言っているのではありません。人間はだれしも、自分の努力によって正しくなれるのではないからです。神の正しいとする基準に、人間は自分の力で到達することができるのではありません。

パウロはここで、コリントの信徒たちが、信仰をもったときのことを思い起こさせます。一一節でこう言います。

「あなたがたのうちのある人たちは、以前はそのような者でした。しかし、主イエス・キリストの御名と私たちの神の御霊によって、あなたがたは洗われ、聖なる者とされ、義と認められたのです。」

コリントの信徒たちは、かつては罪の中に生きていた人たちでした。コリントの社会に満ちていた悪徳に、染まっていた者も少なくなかったでしょう。しかしそこから、彼らは救われたのです。

パウロはここで三つの動詞を用いています。「洗われ、聖なる者とされ、義と認められた」の部分です。そしてそれぞれの動詞の前に、原文では「しかし」という接続詞が付いています。これは、「かつてはこうであった、しかし、こうなった」という表現を繰り返すことによって、過去と現在の状態を対比しているのです。

コリント教会の信徒たちが、かつてどんな生活をしていたかは問題ではありません。過去は問題ではありません。大切なのは、その古い状態にあった人が、今どういう者とされていることなのです。かつては、この世の罪に染まった生活をしていた者が、今はどういう者とみなされているか、ということです。

さらに、この三つの動詞はいずれも、過去の一回的な行為を表す時制で書かれています。つまりこの「洗われ、聖なる者とされ、義と認められた」というのは、いずれも過去の一回的な行為としてすでに起こったということです。決定的な行為がすでに起こったということなのです。

「洗われる」というのは、おそらく洗礼のことが念頭にあると思われます。洗礼が人生の決定的な分岐点、生の転換点であるということです。

礼典は、見えるしるしによって霊的事柄を指し示します。洗礼で用いられるのは水ですが、水というのは、通常洗うときに用いられ、それによって汚れが流されます。そのように、洗礼の水は、罪の洗い、罪の赦しを示すのです。キリストの血によって、神は私たちの罪と咎を洗い去ってくださいました。その恵みの事実を指し示すとともに、その事柄を保証してくれるのが洗礼です。

パウロはコリントの信徒たちに、洗礼のことを思い出させています。洗礼の時のことを思い出すことはとても大切です。もっとも、幼児洗礼を受けた者は、自分の洗礼式の記憶がないでしょう。けれども、自分が洗礼を受けたという事実を心に確認することはできます。

私は大学一年生の冬に洗礼を受けました。十九歳の時です。その時は、難しいことは何も分かりませんでした。ただ、主イエスを信じて生きていこうと決心していました。そして洗礼を受けた後もいろいろなことがあり、悩みや苦しみもありました。しかし今振り返ってみれば、神は確かに、あの洗礼の時を決定的な分岐点として人生を導いてくださったと思います。神は洗礼における約束を真実になしてくださった、と思えるのです。

第二は「聖なる者とされる」ということです。決定的に神のものとして聖別されたということです。

第三は「義と認められる」ということです。義認というのは、神の義の宣告です。法廷で「あなたは義である」と宣言され、無罪の判決を受けたのと似ています。神が義と認めてくださるということです。もちろん、キリスト者といえども、この世にあるかぎりは罪をなお負っています。しかし、キリストの義の衣を着せられます。キリストの正しさが転嫁されて、キリストの義が私の義とみなされる。それが義認です。キリスト者は、すでにそのような義認にあずかっている者たちなのです。

パウロはこの三つのこと、つまり「洗われ、聖なる者とされ、義と認められる」ということが、いずれも「主イエス・キリストの御名と私たちの神の御霊」によることを明らかにしています。私たち罪人としての存在を、根底から新しくする力は、ただキリストと聖霊にあるのです。

神の御子であるキリストが、私たちの身代わりに罪の代償を払って十字架の上で死んでくださらなければ、私たちに救いはありません。また、聖霊なる神が私たちを具体的にこのキリストと結びつけてくださるのでなければ、そして、私たちに罪を自覚させ、救いを求めさせ、そしてキリストを信じることができるようにしてくださることがなければ、私たちに救いはありません。

「洗われ、聖なる者とされ、義と認められる」という、救いの出来事のすべては、キリストと聖霊によります。すなわち、神の恵みによります。私たちの救いは、まったく神の恵みによる救いなのです。

神の恵みにふさわしく生きる

パウロは、この「洗われ、聖なる者とされ、義と認められた」者が「神の国を相続する」者だと言っています。キリスト者は、ただ恵みによって神の国を相続する者とされています。それならば、以前の罪の生活に戻ることはあり得ないし、あってはならないことです。

パウロは、コリントの信徒たちに対して、罪の生活をやめて、そのことによって神の国を自分で獲得せよ、と言ったのではありません。自分の努力で救いを勝ち取れと言ったのではありません。それは人間にはできないことです。

パウロが言ったのは、すでに神の恵みにあずかっているのだから、それにふさわしく生きよ、ということです。義とされ、聖とされた者として実を結べ、ということです。すでに新しい者にされているにもかかわらず、古い人の生活をしてはいけない。神の恵みを忘れるような、神を侮るような生活をしてはいけない。むしろ、神の恵みにしっかりと立って、肉と戦い、霊の実を結ぶように励む必要がある、ということです。

パウロは単に道徳を述べたのではありません。あくまで、すでに与えられた恵みの当然の帰結としての歩みを求めたのです。恵みの大きさを知れば、神への感謝に生きざるを得ません。自分が赦されたことの大きさを知れば、人を赦さずに、怒りとさばきに生きることはできません。

それゆえ彼は、神の恵みを知り、その原点である洗礼の時を思い起こし、そして義とされ、聖とされたという恵みに立ち返って、神への感謝に生きるように勧めているのです。

「洗われ、聖なる者とされ、義と認められた」という三つの動詞は、キリストに属するようになった者に起こる決定的変化を示します。つまり、キリスト者はまさに新しく生まれた者、新しく創造された者なのです。そのキリスト者のキリスト者らしさを、パウロは求めています。キリスト者の根源的性質と矛盾することはするな、と主張しているのです。

キリスト者の原点に神の恵みの行為があります。神が私たちの罪を洗い、義と認め、聖とされたということです。「かつてはこうであった、しかし今はこういう存在とされている」という明確な自覚が大切です。すべてはそこから始まるのです。

25　キリスト者の自由

〈Ⅰコリント六・一二～一四〉

「『すべてのことが私には許されている』と言いますが、すべてが益になるわけではありません。『すべてのことが私には許されている』と言いますが、私はどんなことにも支配されはしません。『食物は腹のためにあり、腹は食物のためにある』と言いますが、神は、そのどちらも滅ぼされます。からだは淫らな行いのためではなく、主のためにあり、主はからだのためにおられるのです。神は主をよみがえらせましたが、その御力によって私たちも、よみがえらせてくださいます。」

キリスト者の自由の乱用

六章一二節から、パウロは再びコリント教会における性的不品行の問題を取り扱っています。コリントは国際的な商業都市であり、そのような都市にありがちなように、道徳がとても乱れていました。また、コリントにおいては売春が法的に認められていました。そしてコリント教会の信徒たちの中にも、娼婦たちのもとに通う者たちがいたのです。この世の人たちと同じように、この世の人たちの道徳規範そのままで生きている人たちがいました。そして彼らは、自分たちの行為を信仰的に正当化していました。性的不品行を弁護する信仰的理屈をもっていたのです。それが「キリスト者の自由」ということでした。

一二節に、「すべてのことが私には許されている」ということばが二回出ています。これがまさに、彼らが自分たちの行為を正当化する際に用いていたキャッチフレーズです。コリントの信徒たちの宗教的態度を典型的に示していることばだとも言えます。彼らは、キリストによってあらゆる拘束から自由になったと主張していました。あらゆる束縛から解放されたと主張していました。そして新しい霊に生きる自分たちは、あらゆる道徳的規範を超えているのであって、どんなことでも行う自由があると主張していました。そしてこの自由を乱用し、性道徳に関しても、もはや禁じられることは何もないと主張し、それを実行していたのです。

「すべてのことが私には許されている」というスローガンこそ、コリント教会に出現するあらゆる問題の根底にあったものです。そして彼らの常習的な性的不品行を支えていた一般原則でもありました。

キリスト者の自由という主張は、もちろんパウロが教えたことです。「すべてのことが私には許されている」ということばも、もともとはパウロが言ったことばであるかもしれません。パウロは、キリスト者に自由が与えられているということを否定しません。それどころか、自由こそ福音の恵みの中心であると教えてきました。

パウロはガラテヤ人への手紙五章で、「キリストは、自由を得させるために私たちを解放してくださいました」（一節）と述べ、また「あなたがたは自由を与えられるために召されたのです」（同一三節）とも述べています。キリスト者は自由を与えられた者である。イエス・キリストは自由を与えるために私たちを召し出してくださった。まさにキリスト者の自由こそ、福音の核心部分であると言ってよいのです。

しかしコリントの信徒たちは、この自由を乱用しました。自由と放縦を履き違えました。そして結果として、自分たちの性的不品行さえも正当化する状態に陥っていたのです。

キリスト者の自由とは何か

では、キリスト者の自由とはいったい何なのでしょうか。プロテスタントの代表的な信仰告白の一つであるウェストミンスター信仰告白第二〇章には「キリスト者の自由と良心の自由について」という章があり、そこに丁寧な説明があります。それによれば、キリスト者の自由とは、おおむね次のようなものです。すなわち、罪責からの自由、神の断罪的怒りからの自由、道徳律法ののろいからの自由、悪しき世からの自由、サタンへの隷属からの自由、罪の支配からの自由、死からの自由、そして永遠の断罪からの自由です。

罪のうちに生まれた私たちはみな、罪の支配下にあり、またその罪のゆえに悪しき世やサタンの支配下にありました。さらには、罪のゆえに神の正しいさばきの下にあり、神の怒りとのろいと死と永遠の断罪の下にありました。罪人であった私たちは、このように罪の奴隷であり、神の怒りと断罪の支配下にありました。

イエス・キリストの福音は、この奴隷状態から私たちを解き放ってくださいました。罪の支配から解放され、神の怒りとのろいとさばきから解放されました。それはもちろん、主イエスが私たちの身代わりとして、十字架の上で神の怒りとさばきを身に受けてくださったからです。

主イエスの十字架のゆえに私たちは、罪とのろいから解放されました。それがキリスト者の自由の本質です。そして神との関係が怒りの下にある関係から、恵みの下にある関係に根本的に変わったがゆえに、私たちキリスト者は、愛される子どもが安心して親に近づくのと同様に、安心して自由に神のもとに近づくことができるようになったのです。

そのようにして与えられたのが、キリスト者の自由です。一言で言うならば、神以外のすべてのものから解放されているということです。神以外のいかなるものも、キリスト者の自由を制限することはできません。神以外のいかなるものも、キリスト者を隷属させることはできません。キリスト者には安心して神に近づき、神に従う自由が与えられています。キリスト者の自由とはそういうものですから、パウロはこの自由を用いて神に従うようにと勧めてきました。ガラテヤ人への手紙五章で彼は「その自由を肉の働く機会としないで、愛をもって互いに仕え合いなさい」（一三節）と命じています。互いに愛し合うこと、それは神の戒めです。つまり、与えられた自由を用いて、神に従うようにと命じているのです。

コリントの信徒たちは、キリスト者の自由のこのような本質を見失っていました。自由ということを、自分たちの都合の良いように理解していました。自由を放縦と取り違えていました。しかしパウロは、キリスト者の自由の本質的意味から、彼らの行動を糾《ただ》すのです。

自由か、それとも放縦か

自由か放縦かを見分ける二つの視点が一二節に示されています。

第一は、それが益になっているか否かという点です。一二節の前半でパウロは、「『すべてのことが私には許されている』と言いますが、すべてが益になるわけではありません」と述べました。

キリスト者には確かに自由が与えられています。この世のいかなるものも、究極的にキリスト者を拘束したり、支配下に置いたりすることはできません。しかし、自分にとって自由であることが、いつも益になるわけではありません。それ自体としては許されていること、自由に属することであっても、それが自分や他者の益にならないことがあります。ならば、そういうことをしてはならないのです。益にならないこと、あるいは害になることであるならば、自分にとっては自由に属することであっても、それをしてはならないのです。それがキリスト者の自由の適用における一つの原則です。

ですから私たちは、自由に属することであっても、それを行うことの結果をいつも考える必要があります。自分にとって自由だから、何をしてもよいのではない。その自由を、互いの益のために用いる必要があります。すべての行為が徳を立てるわけではありません。自分にとって良いと思うことであったとしても、それが他者の益になるかどうかをよく考える必要があります。ときにはそれゆえに、行わないことが大切だという場合もあるのです。

とりわけ、キリスト者は、キリストのからだなる教会の一部分です。ですからいつも、からだ全体のことを考えて歩む必要があります。教会として、互いを高め合うためにこそ、自由は用いられるべきです。自分の行為は、自分だけの問題ではありません。私たちはキリスト者たちの関係の中で生きています。ですから私たちは、いつも全体の霊的成長のために生きる必要があるのです。

自由と放縦を見分けるもう一つの視点が一二節の後半にあります。

「『すべてのことが私には許されている』と言いますが、私はどんなことにも支配されはしません。」

つまり、何かに支配されているとしたら、それは自由と言いつつも自由ではなく、放縦に陥っているということです。人間は、自由だと主張して行っているその行い自体に、実は束縛されているという危険性をいつももっています。この世の欲望は、人間を支配する力をもちます。自由に任されているからといって、欲望のままに歩めば、いつのまにかその奴隷になってしまうということが起きます。そして欲望に支配されてしまえば、もはや自由にキリストに仕えることはできません。ですから私たちは、自由に生きつつ、何事にも支配されないように心を配る必要があるのです。

神にまっすぐ従うことができなくなっているとしたら、もはや自由ではありません。神以外の何かに支配されているということです。神に従うことを喜べない何か、神に明け渡すことができない何かを、自分の中に堅く抱えていれば、それによって神が与えてくださった自由を失うことになります。これだけは神に扱ってもらいたくないというものを心にもっているならば、この世の何かに固執しているならば、人はそれに支配されていきます。そして神が与えてくださった自由を失うことになるのです。

何かの奴隷になり、何かに囚われているようになったら、そこにはもはや「キリスト者の自由」はありません。

「自由」というのは、どういう生き方をするか、どういう生活をするかについて、自律した姿勢を保っているということです。神のみこころに従う自由を保っているということです。神の前に、本当に柔らかい心をもっているということです。従う姿勢を保っているということです。しかし、この世の何かに固執するとき、人は神に従う自由を失います。そしてその何かの奴隷になっていく。支配されるのです。

コリントの信徒たちであれば、彼らは自由と言いつつ、性的不品行の奴隷になっていました。自由と言いつつ、実は欲望に支配されていた。それは、彼らがこの世の欲望に固執したからです。それを神の光の前に出すことができなかったからです。

性的欲望に限らず、この世の欲望は人を支配するだけの力をもちます。私たちは、ここでも自由と放縦を取り違えてはならないのです。

からだは主のためにある

一三節にも、彼らが性的不品行を正当化していたことばが挙げられています。それが「食物は腹のためにあり、腹は食物のためにある」ということばです。食物は腹のために決まっています。そして食べるということは人間にとってきわめて自然なことです。その行為が、キリスト者としての価値に関係があるわけではありません。食物である限り、何を食べても全く自由です。

コリントの信徒たちは、この食べることを例に挙げて、肉体的な行為はいずれもこれと同じだと主張していました。つまり、食べることが人間にとってきわめて自然で自由であるように、性に関することもきわめて自然で自由だと主張しました。肉体的な食欲を満たすために何を食べても自由であるように、自然的な性的欲求を満たすことは自由なことであり、自然なことだとしました。こうして彼らは性的放縦に陥り、これを正当化していたのです。

このようにコリントの信徒たちは、食欲を満たす「腹」と、性欲を満たす「からだ」を類比関係に置いて、性的不品行を正当化しました。しかしパウロはここで、この類比関係をはっきりと否定します。パウロは一三節の前半でこう言っています。

「『食物は腹のためにあり、腹は食物のためにある』と言いますが、神は、そのどちらも滅ぼされます。」

パウロはここで、食物も腹も地上的なもの、一時的なものだと言っています。「神は、そのどちらも滅ぼされます」とあるように、それらはやがて滅びるのです。しかし「からだ」はそうではありません。一三節の後半でパウロはこう言っています。

「からだは淫らな行いのためではなく、主のためにあり、主はからだのためにおられるのです。」

パウロはここで「からだ」というものを、神との関係で理解しています。ここで言っている「からだ」は、単なる肉体という意味ではありません。たましいと切り離された肉体という意味ではありません。むしろこれは人間の全体を意味しています。創世記に記されているように、人間は神のかたちに似せて創造されました。その神のかたちに似せて創造された人間の全体こそ、ここで言う「からだ」と言ってよいでしょう。

ですから「からだ」というのは、神との関係が問われるものです。コリントを含むギリシアでは、霊と肉を分離して考える思想が主流でした。ギリシア思想というのは霊肉二元論で、霊を重視し、肉体や物質というものを軽視します。しかし聖書の教えはそうではありません。聖書の神は、霊と肉の統一体である人間を「神のかたち」に似せて創造されたのであり、神が創造されたものは「非常に良かった」のです。つまり、霊だけが聖く尊いもので、肉体はそうではないという思想ではありません。その全体が良いものとして造られたのであり、その全体が神との関係に生きる者として造られたのです。

ですから、コリントの信徒たちがしていたような「からだ」を卑しめる行為は、その人を汚し、主を悲しませる罪にほかなりません。そしてこの「からだ」は、単なる地上的な存在ではありません。「からだ」は食物や腹のように、滅ぼされるものではありません。一四節でパウロはこう言っています。

「神は主をよみがえらせましたが、その御力によって私たちも、よみがえらせてくださいます。」

神は私たちをよみがえらせてくださいます。つまり、「からだ」は地上的、一時的なものではなくて、復活が約束されています。私たちの地上生涯が終わった後の復活の日に、主とともに永遠に生きる者として、主の御姿に似る者としてよみがえらされるのです。このコリント人への手紙第一の一五章で、パウロはこう言っています。

「死者の復活もこれと同じです。朽ちるもので蒔かれ、朽ちないものによみがえらされ、卑しいもので蒔かれ、栄光あるものによみがえらされ、弱いもので蒔かれ、力あるものによみがえらされ、血肉のからだで蒔かれ、御霊に属するからだによみがえらされるのです。血肉のからだがあるのですから、御霊のからだもあるのです」(四二～四四節)。

御霊のからだ、霊のからだに復活するという約束です。この地上のからだは卑しく弱いものであっても、復活のからだは強く栄光に満ちたものとなる。私たちのからだというのは、そのような光栄ある将来と繋がっているのです。

この地上での「からだ」は滅ぼされるのではありません。それは変容され、栄化されるのです。神がお造りになった「神のかたち」としての私たちの存在は、堕落によって歪められてしまいましたが、その私たちの存在が、栄化されて、完成に至ります。私たちの「からだ」は、そのような将来と結びついています。ですから、「からだ」を軽視し、卑しめることは主のみこころを痛めることなのです。

それゆえパウロは一三節の後半でこう言います。

「からだは淫らな行いのためではなく、主のためにあり、主はからだのためにおられるのです。」

「からだ」は主のためにあります。主に仕え、主の栄光を現すためにあります。また、「主はからだのためにおられる」とあるように、主は、私たちの「からだ」を、その存在の全体を贖い、また用いてくださるお方です。

また一四節には、「神は主をよみがえらせましたが、その御力によって私たちも、よみがえらせてくださいます」とあります。キリスト者にとってのからだの積極的意味の根拠として、イエス・キリストの復活のことが挙げられています。イエス・キリストはからだをもって復活されました。霊だけが、たましいだけが生き返ったのではありません。からだの復活です。ここに、私たちのからだの尊厳の究極の根拠があります。

神は主のからだを復活させられたように、私たちのからだを復活させてくださいます。からだが復活するのですから、そのからだを軽視し、滅びるものであるかのように軽々しく扱ってはならないのです。

コリントの信徒たちは、からだを単なる肉体と考え、軽視し、その結果、性的不品行に陥っていました。それに対してパウロは、からだは主に仕えるために神によって創造されたものであり、また将来の「栄光のからだ」に繋がるものとして、それを尊ぶことを求めたのです。

「からだは主のためにある」とパウロは言いました。つまり、からだは自分のものではないということです。自分のものでないならば、自分の勝手気ままにすることはできません。自分の自由にする権利があるのではないのです。

コリントの信徒たちは自由を主張して、からだを軽視し、結果として欲望の奴隷となり、不自由に陥っていました。しかし真の「キリスト者の自由」は、からだを含めた存在全体が、罪から解き放たれ、自由に神に仕えることができるという点にあります。

この地上に生きるかぎり、私たちは罪の残滓《ざんし》を引きずっており、罪の力が私たちをその支配下に置こうとするでしょう。それゆえに戦いが避けられません。しかし、この戦いの結着はすでについています。イエス・キリストの十字架による贖いは成し遂げられ、私たちは、それゆえにすでに自由を与えられたのです。そして復活の日に、栄光のからだによみがえることが約束されています。このイエス・キリストが勝ち取ってくださった勝利は、決して揺らぐことはありません。

私たちは、この十字架の勝利による約束を信じて、今という時を生きるのです。私たちは、与えられた自由の中で、からだをもって主の栄光を現すように召されているのです。

26　代価を払って買い取られた者

〈Ⅰコリント六・一五～二〇〉

「あなたがたは知らないのですか。あなたがたのからだはキリストのからだの一部なのです。それなのに、キリストのからだの一部を取って、遊女のからだの一部とするのですか。そんなことがあってはなりません。それとも、あなたがたは知らないのですか。遊女と交わる者は、彼女と一つのからだになります。『ふたりは一体となる』と言われているからです。しかし、主と交わる者は、主と一つの霊になるのです。淫らな行いを避けなさい。人が犯す罪はすべて、からだの外のものです。しかし、淫らなことを行う者は、自分のからだに対して罪を犯すのです。あなたがたは知らないのですか。あなたがたのからだは、あなたがたのうちにおられる、神から受けた聖霊の宮であり、あなたがたはもはや自分自身のものではありません。あなたがたは、代価を払って買い取られたのです。ですから、自分のからだをもって神の栄光を現しなさい。」

キリスト者のからだは、キリストのからだの一部である

コリント教会には性的不品行の問題がありました。一五節以下でパウロは、からだとは何かという視点から、性的不品行を戒めています。

「あなたがたは知らないのですか。あなたがたのからだはキリストのからだの一部なのです。それなのに、キリストのからだの一部を取って、遊女のからだの一部とするのですか。そんなことがあってはなりません」（一五節）。

パウロはここではっきりと、キリスト者のからだは、キリストのからだの一部であると言います。単に、キリスト者はキリストに属していると言っているのではありません。もっと強い表現です。

キリスト者のからだは、キリストの肢体である。キリストと有機的な関係にあり、キリストと一つとされている、ということです。キリスト者は、キリストと切っても切れないほどにしっかりと結ばれており、キリスト者はまさにキリストと一つのいのちに生かされています。

では、そのような存在であるキリスト者が遊女と交わるとは、いったいどういうことなのでしょうか。

キリスト者は、キリストのからだの一部です。キリストと緊密に結合されているのですから、その結合にふさわしく自らの存在を用いるのは当然のことです。キリストと結びついている者には、頭《かしら》であるキリストに仕えるという役割があります。それはきわめて当然のことです。

しかしそのからだの一部がもぎ取られて、遊女のからだの一部にされてしまうとしたら、どうでしょうか。それは冒瀆にほかなりません。まして当時のコリントの遊女は、異教神殿に関係のある者が多かったと言われます。コリントの町を見下ろす女神アフロディーテの神殿には、千人を超す神殿娼婦がいたと言われます。それゆえ、もしコリントの信徒たちが交わっていたのがこの神殿娼婦であったとすれば、その行為は偶像とも結ばれることで、さらに大きな冒瀆と言えます。

そこでパウロは強いことばで、「そんなことがあってはなりません」と言います。「絶対に許されません」ということです。キリスト者のからだがキリストの肢体であるなら、それが娼婦のからだの一部となることなどあり得ないのです。

続いてパウロはそのことを、旧約聖書を引用して訴えています。パウロが述べているのは決して彼の個人的意見ではなく、聖書の教えであることを示すためです。

「それとも、あなたがたは知らないのですか。遊女と交わる者は、彼女と一つのからだになります。『ふたりは一体となる』と言われているからです」(一六節)。

この「ふたりは一体となる」は、創世記二章二四節のみことばです。主イエスも、結婚について語られた際にこのみことばを引用されました。聖書の結婚観を表す最も重要なことばの一つです。そしてこのことばは、結婚というものが精神的、人格的に、さらには肉体的にも一つとなるものであることを示しています。

それゆえ、遊女と交わるということは、その女と一つになることと言わなければなりません。しかし、キリスト者は先ほど確認したように、キリストと一つにされている者です。キリスト者はキリストの肢体です。そうなりますと、そのキリスト者が遊女と一つになるということは、キリストと遊女を一体にするということにならざるを得ません。これはキリストに対する最大の冒瀆と言わなければなりません。

コリントの社会は、性的不品行に満ちていました。国際的な経済都市によくあるように、道徳的に退廃していました。そしてそのコリントに住んでいたキリスト者の中には、その社会の道徳観の影響をそのまま受けている者たちがいました。つまり、性的なだらしなさがいったい何を意味しているのか、それを考え抜いていない者たちが少なくなかったのです。

それに対してパウロは、旧約聖書を引用して、遊女と交わることの意味の重大さを指摘しました。それがどれほどキリストを冒瀆し、キリスト者にふさわしくない行為であるかを指摘したのです。

一七節にあるように「主と交わる者は、主と一つの霊」になります。「主と一つの霊になる」とは、主にしっかり結びついて、主と交わる者になるということです。キリストの霊を与えられて、聖霊に生かされる者となる。キリストのからだとなるということです。そのように、キリストとキリスト者は一つの霊、一つのいのちに生きる者とされていま す。それほどの深い絆で結ばれているのです。

淫らな行いを避けなさい

パウロは結論的に一八節で、「淫らな行いを避けなさい」と命じています。遊女のもとに通うことに代表されるような性的不品行を避けなさい、ということです。

この「避けなさい」と訳されている部分は、「逃げなさい」ということばです。性的な不品行、誘惑からは、とにかく逃げろ、とパウロは言うのです。これは、性的な誘惑がもっている力をパウロがよく知っていることを示しています。その誘惑に少しでも妥協して近づいていけば、そこから逃れられなくなる。ですから、パウロはこのことに関しては、とにかく目もくれずに逃げよと命じているのです。

またこの命令形は、習慣的行為を意味する命令形ですので、「逃げるのを習慣とせよ」と訳すこともできるでしょう。コリントの町には、性的誘惑が満ち溢れていました。ですからその誘惑には近づかないことを習慣とする必要があったのです。私たちの生きる社会も同じです。性的誘惑に関しては、近づかずに逃げることが何より大切です。

そしてパウロは一八節の後半で、この性的不品行というものが罪の中でも特殊なものであることを明らかにしています。パウロはここで、「人が犯す罪はすべて、からだの外のものです。しかし、淫らなことを行う者は、自分のからだに対して罪を犯すのです」と述べています。淫らな行い、すなわち性的不品行と、その他の罪を区別して論じているのです。

パウロは「淫らなことを行う者は、自分のからだに対して罪を犯すのです」と言います。「自分のからだに対して罪を犯す」というのは、「からだの中に入るように罪を犯す」ということです。つまり、この種の罪は、からだの中にまで影響がある。つまり人間の全体に関わりをもつことになるということです。

パウロは性的不品行が、どの罪よりも大きく重いと言っているのではありません。この種の罪を犯した者には赦しがないと言っているのでもありません。彼がここで問題にしているのは、その罪がもつ「からだ」に対する関係の特殊性です。この場合のからだというのは、肉体という意味ではなく、人間存在の全体を指します。人格的統一体としての人間存在ということです。

どんな罪であっても、それがその人間存在に害を与えないということはありません。どんな罪であっても、それはその人の心身を害する面があります。しかし、性的不品行は他の罪と比べて特殊だとパウロは言います。

コリントの信徒たちの中には、「肉欲は、完全にされた者の人格に触れることはできない」と主張している者がいました。それに対してパウロは、性的不品行を犯す者はだれでも、自分の人格そのものに対して罪を犯しているのだと言っているのです。

性における罪は、「からだ」という人格的存在を汚し、辱めることです。ですから妥協せずに誘惑から逃げるように、パウロは厳しく命じているのです。

キリスト者は聖霊の宮である

一九節、二〇節が、不品行についてのパウロの勧告のまとめの部分です。ここでは不品行の問題を超えて、私たちキリスト者が心に刻むべき事柄が記されています。

これまでパウロはからだのことについて論じてきましたが、改めて、キリスト者にとってからだとは何なのかを記しています。

「あなたがたは知らないのですか。あなたがたのからだは、あなたがたのうちにおられる、神から受けた聖霊の宮であり、あなたがたはもはや自分自身のものではありません」（一九節）。

私たちキリスト者のからだとは何なのか。パウロは端的に「神から受けた聖霊の宮」だと語ります。聖霊の住まいだということです。キリスト者一人ひとりの内に聖霊が宿っておられ、一人ひとりのからだが、聖霊の宮だと言われているのです。

「あなたがたは知らないのですか」とあるように、その事実を思い起こすように促されています。これから努力して、聖くなって、聖霊に宿っていただけるように修行しなさいと言っているのではありません。すでにキリスト者の内には聖霊が宿っています。キリスト者の存在は、聖霊の宿る宮です。その事実をまずしっかり受けとめることが求められています。

ですから、私たちはどこに行こうとも聖霊をこの身に帯びています。聖霊から切り離されて生きることはありません。聖霊なる神が私たち一人ひとりを、喜んで住まわれる宮としてくださったのです。私たちがどこにいて、どんな状態の中に置かれようと、御霊は私たちとともにおられます。いのちの君であるお方が、一人ひとりの内に住んでいてくださるのです。

神が私たちのからだを聖霊の住まいとされました。それゆえ、私たちは自らのからだを軽んじることは決してできません。私たちのからだの価値、からだの尊厳性の根拠がここにあります。私たちのからだは今や、神の御霊が生きて働かれる場となったのです。

神が住み、宮としてくださったのですから、私たちも自分のからだを神の宮として扱わなければなりません。神の宮として、ふさわしい生活をしなければなりません。

聖霊の宮なのですから、当然、聖であることが求められます。テサロニケ人への手紙第一の中でパウロはこう命じました。

「神のみこころは、あなたがたが聖なる者となることです。あなたがたが淫らな行いを避け、一人ひとりがわきまえて、自分のからだを聖なる尊いものとして保ち、神を知らない異邦人のように情欲におぼれず、また、そのようなことで、兄弟を踏みつけたり欺いたりしないことです。私たちが前もってあなたがたに話し、厳しく警告しておいたように、主はこれらすべてのことについて罰を与える方だからです。神が私たちを召されたのは、汚れたことを行わせるためではなく、聖さにあずからせるためです」（四・三〜七）。

神のみこころは、私たちが聖なる者となることです。聖霊が宿る神の宮として生きることです。神の宮は神を礼拝する場所です。ですから、私たちの歩みを通して、人々が神を崇めるようになること、そういう生き方をパウロは求めているのです。

そして自分のからだが聖霊の住まいであるということは、自分のからだは自分のものではないということです。パウロも一九節の後半で、「あなたがたはもはや自分自身のものではありません」と言っています。自分のものではない。ではだれのものなのでしょうか。神ご自身のもの、キリストのものである、ということです。

私の存在は自分のものではなく、神のものである。この自己認識が決定的に重要です。

ここにキリスト者の倫理の基礎があると言ってよいでしょう。自分のからだは自分のものではない。ということは、自分の欲しいままに用いることはできないということです。人間の多くの悩み、苦しみは、結局、自分が自分のものであると考えているところに原因があるように思います。何とかして、自分が納得できる生き方を見つけようとして必死になる。本当の自分を自分で見つけようとして、必死になっている人が多くいます。

しかし神抜きでの「自分探し」は、自意識の不健全な拡大や自己実現欲求の膨張を伴います。自分が自分のものであると考えれば、その自分に執着せざるを得なくなります。しかしそれによって、自分を本当に生かすことができるわけではありません。

自分を生かすことができなければ、隣人も生かすことができません。自分を自分のものと考えることは、こうして自分をも他者をも損なうことになりかねないのです。

しかし聖書がはっきり語るのは、キリスト者のからだは自分のものではないということです。神のもの、キリストのものです。神が用いてくださるのですから、自分が必死になって、自分探しをする必要はありません。神にゆだねて、解き放たれて生きることができます。問題は、自分が神のみこころをどれだけ必死に尋ね求めているかにあるのではなく、神がお用いになりやすい柔らかい心をもっているかどうかです。神に従う素直な思いをもっているかどうかです。それが結果として、その人が神に用いられて生涯を送ることができるか否かを決することになるのです。

代価を払って買い取られた者

　ではなぜ、キリスト者のからだは自分のものではなく、神のものなのでしょうか。どうしてキリスト者は自分の存在に対して、所有権を主張することができないのでしょうか。パウロは二〇節でこう語ります。

「あなたがたは、代価を払って買い取られたのです。ですから、自分のからだをもって神の栄光を現しなさい。」

　キリスト者は代価を払って買い取られたものです。私たちは、かつては罪の奴隷でした。律法ののろいの下にありました。さばきの下にありました。しかし、イエス・キリストの十字架の死という尊い代価によって、私たちは買い取られました。

　この「代価を払って買い取られた」という表現は、当時の奴隷売買の風習に由来する表現だと言われます。かつては罪と死の奴隷でした。しかし、神が代価を払って買い取ってくださった。それによって、私たちは神のものとなりました。神が新しい主人となり、いわば私たちは神の奴隷となったのです。

　ですから当然、私たちのからだに対する所有権は神にあるということになります。神が、御子の血潮という尊い代価によって、私たちを買い取ってくださったのです。

ですから私たちには、買い取られた者としての尊い価値があります。決して自分の存在を、そのからだを、低く見てはなりません。神が御子の死によって買い取ってくださった存在です。ですから私たちには、大きな価値と神にある目標があるのです。

では、そのような存在である私たちの目指すべきことは何なのでしょうか。二〇節の後半でパウロは命じました。

「ですから、自分のからだをもって神の栄光を現しなさい。」

私たちは代価を払ってキリストのものとされました。様々な隷属から解き放たれて自由にされました。ではこの自由をどう用いたらよいのでしょうか。それは全存在をかけて、神の栄光を現すということです。神にすべての栄光を帰して生きるということです。

性的不品行の問題についての結論は、一八節の「淫らな行いを避けなさい」でした。それは、いわば否定的命令です。しかしパウロは最後に、私たちに対する積極的な命令でこの部分を締めくくっています。

「あなたがたは、代価を払って買い取られたのです。ですから、自分のからだをもって神の栄光を現しなさい。」

これはきわめて積極的な命令です。私たちは、神の御名を汚さないように、辱めないように生きれば、それで良いわけではありません。もちろんそれは大切です。ですからコリントの信徒たちに対してパウロは厳しく命じました。しかしそれで十分なわけではありません。

私たちキリスト者の生きる使命は、自分のからだで、自分の存在で、神の栄光を現すことです。そのためには、何より神のことばに聞き従わなければなりません。また、神に対して、畏れをもって従順である必要があります。

私たちは自分の力で、神の栄光を現すことができるのではありません。自分が前面に出れば、神は隅に追いやられるのです。しかし、私たちの主人は内に宿る聖霊であり、もはや自分は自分のものではありません。イエス・キリストを本当の主として、ゆだねて、従っていくなかで、私たちは神の栄光を現す者とされるのです。

あとがき

本書は、私がかつて牧師として仕えていた日本キリスト改革派園田教会で、二〇〇八年四月から十二月にかけて語った講解説教に基づいています。説教は礼拝において会衆に語りかけるものですので、私自身は説教集を出版するという願いも計画もありませんでした。しかし今回、いのちのことば社出版部の長沢俊夫さんのお勧めによって、出版に導かれました。機会を与えてくださったのみならず、様々なお世話をしてくださった長沢さんに心から感謝いたします。また、私の説教は、園田教会の方々のことを思いつつみことばに向き合い、それを説き明かしたものです。その意味で改めて、園田教会の皆様にも感謝を申し上げます。

私が学んだ神戸改革派神学校で当時説教学の講義をしておられたのは、牧田吉和校長でした。牧田先生の説教学は、説教の作り方を教える、いわゆるハウ・ツーを教えるのとは対極にあるような授業でした。先生の講義の中心は「説教とは何か」を徹底的に神学的に講じるものでした。当時のノートに記されている牧田先生による「説教の定義」は、次のとおりです。

「説教とは、教会に命じられた奉仕の業であり、神の民を集め、建て上げ、全うするために、主の再臨に至るまで、神によって召された者が、神のことばである聖書のテキストを、聖霊の導きの下で、今、ここで生きている人々に対して、彼らに関わりのあるものとして、自分自身の自由なことばで解き明かし、その神的真理を告知し、それによって神のことばに奉仕する業である。」

講義では、この定義のことばの一つ一つの意味が解き明かされました。救済史の中での説教の位置、聖書と説教の関係、礼拝と説教の関係、説教と説教者の関係、説教と聴衆との関係などが豊かに語られ、本当に大きな刺激を受けたことを思い起こします。「説教とは何か」という根本をまずしっかり問うことを教えてくださった牧田先生に改めて感謝の思いを伝えたいと思います。

そして説教の最善の学びは、何といっても良い説教を聴くことです。その意味で私が最も影響を受けたのは、神学生の時代に一年間派遣された神港教会で、当時牧師であった安田吉三郎先生の説教を聴いたことです。ある意味、圧倒されるような豊かさがありました。説教者としての姿を教えてくださった安田先生に改めて感謝を申し上げます。

今回、説教集として整えるにあたり、心がけたことは次の三つです。①テキストの論理を追うことを基本とする、②一つ一つのことばを大切にする、③説教としてのリズムを生かす。①と②は、私の説教の基本スタイルだと言えます。また③に記したように説教のリズムを生かしていますので、できれば声に出して、あるいは声に出すような気持ちで読んでいただければ幸いです。なお、この説教集では『新改訳2017』を用いています。この機会に新しい翻訳聖書を味わえたことは本当に感謝なことでした。

この説教集によって、一人でも多くの方が、イエス・キリストの福音の豊かさを味わうことができれば、それに優る幸いはありません。日本宣教の行き詰まりが叫ばれるなかで、それを突破するのは、結局、説教の力によるしかないでしょう。この小さな説教集が、日本宣教の前進に少しでも貢献できればと願っています。

二〇一九年五月　天皇の代替わりの中で教会の霊的責任を痛感しつつ

袴田康裕

教会の一致と聖さ

2019年7月20日 発行

著　者　袴田康裕

印刷製本　日本ハイコム株式会社

発　行　いのちのことば社

〒164-0001 東京都中野区中野2-1-5
電話 03-5341-6922（編集）
03-5341-6920（営業）
FAX03-5341-6921
e-mail:support@wlpm.or.jp
http://www.wlpm.or.jp/

ISBN 978-4-264-04057-6

◆シリーズ　新約聖書に聴く◆

内田和彦著
〈ペテロの手紙第一に聴く〉
地上で神の民として生きる
定価一、六〇〇円＋税

遠藤勝信著
〈ペテロの手紙第二に聴く〉
真理に堅く立って――ペテロの遺言
定価一、五〇〇円＋税

（重刷の際、価格を改めることがあります。）